EL SUPERHÉROE DIGITAL

DESCUBRE LAS AVENTURAS DE KITSU EN EL MUNDO DEL BLOCKCHAIN, NFT Y CRIPTOACTIVOS

KITSUNE INU ASA

ÍNDICE

CAPÍTULO 1

El mundo era un caos, las calles estaban vacías y todo el mundo sufría el trilema. Betty se sentó en los escalones del porche de su casa y observó cómo las ratas de aspecto flaco corrían por las calles. Betty suspiró profundamente; vio a la señora Brentwood salir de su casa. La mujer mayor llevaba una bolsa de latas; Betty cruzó corriendo la calle para ayudar a la señora Brentwood. "Buenos días, señora Brentwood" Betty sonrió; el timón de su vestido se enganchó con un clavo la semana pasada; Betty casi tropezó al subir los escalones para reunirse con la señora Brentwood en el porche. "Buenos días, Betty" La señora Brentwood le dio a Betty una palmadita en la cabeza. "Trae ese vestido más tarde, para que pueda arreglarlo", añadió la señora Brentwood. "Se me enganchó un clavo cuando fui a recoger unas flores al campo", explicó Betty. "¿Flores? No sabía que nos quedaran", dijo la señora Brentwood. "Si subes a la montaña, podrías encontrar algunas buenas", respondió Betty. Desde el comienzo del trilema, todas las plantas buenas habían muerto, y la gente apenas podía alimentarse.

La señora Brentwood miró su jardín muerto, las flores estaban secas y no había más que tierra muerta en la maceta. La contaminación del aire no podía hacer crecer nada; era difícil conseguir aire fresco. "¿Se acabará esto algún día?" preguntó Betty. "Muy pronto", aseguró la señora Brentwood a la joven. Ella no tenía ni idea de si iba a vivir para ver ese día. La señora Brentwood cerró los ojos y recordó los días en que organizaba una gran cena familiar; los niños siempre estaban expectantes. No había visto a ninguno de sus hijos desde que empezó el trilema, y poco a poco la señora Brentwood estaba perdiendo la fe en el sistema. Pero no podía decirle a Betty que su mundo se estaba derrumbando; la joven no podía desanimarse.

El señor Peter estaba en su despacho cuando el teléfono de su mesa empezó a zumbar; levantó el auricular inmediatamente. "Riley, ¿qué pasa?" El Sr. Peter miró su reloj; llegaba tarde a una reunión con la junta directiva. "El equipo de investigación de Portland dice que es urgente", respondió Riley. "Más vale que sea importante; llego tarde a una reunión importante. Póngalos", suspiró el señor Peter. La Agencia Astrológica y Espacial es una agencia internacional, y la oficina está situada en Arizona. La agencia tiene muchos equipos de investigación en todo el mundo; es la primera vez que Peter habla con el equipo de Portland. Fue nombrado director hace un año.

"Buenos días, Sr. Peter" la persona al teléfono tenía una voz muy sutil. "Buenos días" la respuesta de Peter fue cortante. "Soy el profesor Nasir y estoy con uno de mis investigadores, el señor Richard". El profesor seguía con las presentaciones, pero Peter se estaba impacientando. "Lo siento, pero podemos ir al grano; llego tarde a una reunión importante", respondió Peter. "Lamento las molestias. Esta mañana hemos recibido unas señales un poco inquietantes", explicó el profesor Nasir. "¿Qué quiere decir?" Peter escuchaba esta vez con atención embelesada. "Las señales que hemos recibido esta mañana indican que el mundo va a sufrir un trilema", respondió el profesor Nasir. "¿Trilema?" Peter miró su reloj. "Sí, señor, no podemos encontrar la capa de ozono; es casi como si hubiera desaparecido". Explicó el profesor Nasir. "¿Cómo que no pueden encontrarla?" Peter se esforzaba por no entrar en pánico. "Puedes volver a comprobar el estado de allí. La desaparición de la capa de ozono va a provocar una contaminación ambiental que afectará sin duda a la estabilidad económica del mundo. El profesor Nasir suspiró profundamente. "Esto es un desastre. Profesor Nasir, esta información es clasificada. Ponga una tapa; me pondré en contacto con usted", Peter dejó caer el auricular.

"Riley, me dirijo al centro de investigación", dijo Peter mientras recogía las llaves de su coche. "Señor, ¿qué pasa con la reunión?" Riley parecía confundido. "Llamaré al presidente de la junta desde el coche. Cualquier información que venga de Portland se coloca en la lista de prioridades, y por favor, haz que el profesor Nasir venga aquí" Peter salió corriendo de su oficina. Mientras giraba el contacto del coche, se preguntó cuánto tiempo les quedaba antes de que empezara el trilema. Sin duda, el escape de su coche iba a contribuir en gran medida, pero era para una causa digna. Peter llamó al presidente de la junta directiva en su coche; la señora Hilary contestó al segundo timbre. "Muy amable por hacernos esperar", dijo ella. "Tenemos asuntos más importantes de los que ocuparnos; acabo de recibir una llamada del equipo de investigación de Portland. La capa de ozono ha desaparecido y hay un desastre inminente" Peter no se anduvo con rodeos. "Estás bromeando, ¿verdad?" La señora Hilary sonaba frenética. "Ojalá lo fuera" Peter entró en el aparcamiento. "¿Qué significa eso?" Preguntó la señora Hilary. "Contaminación, cambio climático y, finalmente, pobreza. Se llama el trilema", respondió Peter. "¿Cuánto tiempo tenemos?" La voz de la señora Hilary era casi un susurro. "Eso es lo que voy a averiguar", respondió Peter. "Informaré a la junta", dijo la señora Hillary antes de colgar la llamada.

Peter bajó del coche a toda prisa; el equipo de investigación tenía unas instalaciones estándar en Arizona. Una gran sala que podía albergar cómodamente a setenta investigadores. La sala estaba amueblada con dispositivos tecnológicos recientes y grandes pantallas que proyectaban la información relevante para su visualización. El jefe del equipo de investigación recibió a Peter en la puerta. "No te esperaba...." El profesor Slovaks era una persona de renombre en el campo, y sólo tenía sentido que fuera el jefe del equipo. "Necesito ojos en la capa de ozono", dijo Peter al entrar en la sala. La imagen se proyectó en la pantalla y Peter se pasó los dedos por el pelo. "¿Qué es esto?" El profesor Slovaks se ajustó las gafas de montura ancha. Peter se quedó mirando la pantalla sorprendido. "Se ha ido" El silencio absoluto cayó sobre la sala. Si cayera un alfiler, todos lo oirían. "Esto no es bueno. Walter, necesito imágenes del espacio exterior", gritó el profesor Slovaks. Las imágenes aparecieron en la pantalla, y todos pudieron ver un gran objeto negro; en forma de bola avanzando hacia la tierra. "¿Se dirige a la Tierra?" Peter hizo la pregunta que todos temían hacer. "Sí", respondió el profesor Slovaks con los ojos muy abiertos. "¿Cuánto tiempo tenemos?" preguntó Peter mientras se paseaba por la habitación. "Está viajando a 0,58 km por hora. Más o menos, tenemos una semana antes de que toque la tierra", respondió uno de los investigadores.

"¿Cuál es el peor escenario posible?" Peter miró fijamente al profesor Slovaks en busca de una respuesta. "Esta cosa no tiene límite", suspiró el profesor Slovaks. "Encuentre una medida proactiva o algo que pueda detener el trilema" Peter se dirigía a la puerta. "Esta cosa es inevitable", respondió el profesor Slovaks. "Entonces, encuentre mecanismos de adaptación", dijo Peter mientras salía de la habitación. Mientras caminaba de vuelta a su coche, se preguntó si habría una salida. El mundo se estaba acabando y nadie lo veía venir.

Peter entró en el coche y apoyó la cabeza en el volante. Su teléfono estaba zumbando; Peter comprobó el identificador de llamadas y contestó a la llamada. "Peter, ¿cuánto tiempo tenemos?" era la señora Hilary al teléfono. "Una semana", respondió Peter con rotundidad. "¿Podemos parar esto?" Preguntó la señora Hilary. "No antes de que nos alcance" Peter se asustó de las palabras que salieron de su boca. "Hablaré con el Secretario General de las Naciones Unidas inmediatamente", suspiró la señora Hilary. "Deberíamos estar todos preparados", respondió Peter. "Hazme un favor, trae a ese equipo a Arizona. Si ellos descubrieron esta crisis antes que nosotros, entonces deben estar pensando en una solución ahora", dijo la señora Hilary.

Peter suspiró profundamente cuando la señora Hilary terminó la llamada. La mujer tenía razón; el equipo de Portland podría tener una salida. Peter volvió a su despacho; Riley se puso en pie nada más entrar. "Señor, ¿es cierto?" Riley parecía que iba a llorar; Peter nunca había visto a la señora tan preocupada. "Me temo que sí", respondió Peter. "¡Oh! No", jadeó Riley. "¿Cuándo llegará el profesor Nasir?" preguntó Peter mientras se sentaba en su silla. "Ya debería haber subido al avión; debería estar aquí en las próximas cuatro horas" Riley miró su reloj de pulsera. "1600hrs, para ser precisos", añadió Riley. "Eso está bien. Llévamelo en cuanto toque la base". Contestó Peter. "También necesito que organices una reunión con todos los miembros del personal y una rueda de prensa para informar", dijo Peter mientras se recostaba en la silla. "¿Vamos a dar una rueda de prensa?"

preguntó Riley. "Todo el mundo debería estar al tanto; esta cosa podría tomarnos desprevenidos", respondió Peter. Riley entró en modo de ejecución en cuanto salió del despacho de Peter.

El profesor Nasir fue llevado a la Agencia Astrológica y Espacial desde el aeropuerto. Peter iba a informar a la prensa después de reunirse con el profesor Nasir. Peter se encontró con el profesor en la puerta: "Buenas noches, profesor Nasir" Peter le tendió la mano y el hombre la tomó con firmeza. "Es un honor estar aquí, señor", dijo el profesor Nasir. "Bueno, ojalá fuera una situación diferente; tal vez le habría dado una visita guiada", dijo Peter mientras entraban en su despacho. "Entiendo", respondió el profesor Nasir. "Por favor, siéntese", dijo Peter mientras se acomodaba en su asiento. "Entonces, ¿de qué se trata aquí?" Peter se recostó en la silla. "Se nos ocurrió una teoría en Portland. Creemos que la capa de ozono se ha desgastado por completo anteriormente. Nuestro equipo descubrió que lo que quedaba era una fina capa. Como le expliqué por teléfono, a las 1800hrs de ayer, uno de nuestros investigadores descubrió que el ozono estaba completamente erradicado. Lo que has visto se dirige directamente a la Tierra, y no sé cuánto tiempo nos queda". Explicó el profesor Nasir. "Una semana" la voz de Peter era casi como un susurro. "¿Perdón?" El profesor Nasir no oyó hablar a Peter. "Tenemos una semana para detener esta cosa, o nos va a consumir", respondió Peter. La sala se quedó en silencio, y se sintió como si un juez hubiera dictado una sentencia de muerte. "¿Tienes una solución?" Peter sabía que estaba pisando arenas movedizas con esa pregunta. "Por nuestra parte, estamos tratando de resolver algo, y estoy seguro de que los otros equipos están tratando de hacer lo mismo. Pero no creo que haya ninguna solución antes de que acabe la semana. Tendremos que hacer un par de pruebas, y ya sabes cuánto tiempo puede llevar eso", suspiró el profesor Nasir. "Por ahora, necesito que todos se pongan manos a la obra" Peter se puso en pie. "Tengo una rueda de prensa en unos minutos. Creo que es mejor que todos estén al tanto". Añadió Peter. "Acabo de hablar por teléfono con el Presidente del Consejo, el secretario general de la ONU ha autorizado la rueda de prensa. El Presidente me ha dicho que también debo informarles de que el Secretario General ha recibido la noticia en estado de shock" Riley se desahogó como un contestador automático. "Todos estamos en shock. Profesor Nasir, usted viene conmigo. Su equipo vio este peligro inminente; primero, usted sabe más que yo", dijo Peter mientras salía de la sala.

Los periodistas estaban en el vestíbulo de las instalaciones; parecían tiburones hambrientos. Cuando Peter entró en el vestíbulo, la linterna de sus cámaras casi le cegó. Odiaba las sesiones informativas, pero resultaba que no tenía elección en un día como aquel. "Buenos días, sólo voy a estar aquí para dejar unas cuantas informaciones, y me quitaré de en medio" la sala se quedó en silencio cuando Peter empezó a hablar; el único sonido que se oía era el de los botones de la cámara y el teclado de su ordenador. "La tierra está a punto de ser golpeada por algo que llamamos el trilema; a las

0800hrs de hoy, confirmamos que la capa de ozono está completamente desgastada. El profesor Nasir, cuyo equipo en Portland fue el primero en descubrir este inminente desastre, nos dará los detalles" Peter se volvió hacia el profesor Nasir. El hombre parecía que iba a desmayarse, pero consiguió serenarse; Peter ni siquiera se dio cuenta de que la sala se había quedado totalmente en silencio. El profesor Nasir se aclaró la garganta. "En Portland, un investigador de mi equipo se dio cuenta de que una gran bola gigante de emisiones directas de rayos UV se dirige hacia la Tierra, y fue entonces cuando descubrieron que la capa de ozono había desaparecido por completo. El trilema significa que vamos a experimentar el cambio climático, la contaminación y esto también dará lugar a la pobreza. La contaminación del medio ambiente dificultará el crecimiento de las plantas y los animales, por lo que podríamos sufrir hambrunas, y ya no podremos predecir el tiempo. explicó el profesor Nasir. Los periodistas se quedaron mirando al profesor con asombro. "¿Cuánto tiempo tenemos antes de que el trilema nos golpee?", preguntó uno de los reporteros. "Más o menos una semana", respondió Peter. "También nos gustaría informar al público en general de que es mejor almacenar sus casas con suficientes alimentos antes de que comience el trilema. Pero les aseguramos que estamos trabajando en una solución" Peter abandonó la banda del podio el profesor Nasir estaba justo detrás de él. Ni siquiera los periodistas tenían fuerzas para gritar y hacer preguntas. El dúo acababa de hacer una declaración de prensa que cambiaba la vida.

Peter no estaba preparado para el cambio, pero no tenía elección; les estaba cogiendo desprevenidos, y no había nada que pudiera hacer nadie al respecto. El profesor Slovaks tenía los ojos puestos en el trilema, y le informó a Pete de que se estaba acercando y de que pronto se pondría en tierra. Peter suspiró; tal vez la raza humana se estaba extinguiendo, pero aún debían hacer un esfuerzo para detener al destructor.

El Sr. Peter entró en la oficina; el lugar estaba desierto. Hace un año, el edificio bullía de vida. La Agencia Astrológica y Espacial se había convertido en una sombra de sí misma. Ni siquiera la señorita Riley, que estaba en el mostrador, se parecía a la de antes. El Sr. Peter pudo notar la costura en su vestido. "Buenos días, señor Peter", dijo Riley al abrir la puerta de su despacho. "Buenos días, Riley", respondió Peter. "Sabes, no hace falta que vengas a trabajar" Peter dejó caer su maltrecho bolso sobre la mesa. "No tengo nada que hacer en casa, y me encanta la distracción. No podemos ver la televisión, y ni siquiera podemos usar nuestros teléfonos móviles, para no causar más daño. Es como si alguien hubiera hechizado la tierra y nos hubiera devuelto a la etapa primitiva", suspiró Riley. "Aprenderemos a vivir así", dijo Peter mientras se quitaba la chaqueta. "No creo que eso sea ya un problema. Llevamos tres años viviendo así. Si me preguntas, lo estamos haciendo bien" Riley se encogió de hombros. "Esa es la actitud" Peter trató de sonreír. "No lo creo, señor Peter. Estoy seguro de que pronto me rendiré. Mi vecina y sus hijos murieron de hambre ayer, y fue devastador. Realmente me gustaría poder ayudar, pero no pude. Honestamente, ni siquiera sé cuánto tiempo tengo. Sin embargo, algunas personas tienen el privilegio de comprar aire fresco en latas porque pasan los últimos días antes del trilema guardando fondos públicos suficientes para alimentar a mil personas durante años. Ahora, ¿cómo es eso justo?" Riley suspiró. "No podemos rendirnos todavía. Así que centrémonos en el asunto de hoy", dijo Peter mientras se recostaba en su silla. El teléfono fijo de su mesa estaba sonando, y Peter miró el teléfono con sorpresa. Hacía años que nadie llamaba a la línea de la oficina. Riley descolgó el teléfono con emoción: "Despacho del doctor Peter, por favor, ¿quién está en la línea?". Preguntó Riley amablemente. "Profesor Nasir, ¿puedo hablar con el director?", preguntó el hombre. "Espere, un minuto. Me pondré en la línea", respondió Riley.

"¿Quién es?" Preguntó Peter con cero interés. "Es el profesor Nasir", respondió Riley. "¿Qué?" Riley le pasó el teléfono al hombre. "¿Profesor... Nasir?" tartamudeó Peter. "Buenos días, director", respondió el profesor. "Ni siquiera sé qué hora del día es; creo que es por la mañana, pero hay una espesa niebla negra a un lado, lo que me confunde", respondió Peter. "Tengo algunas noticias", respondió el profesor Nasir. "¿Qué es lo peor que puede pasar después de esto?" Peter suspiró. "Puede que hayamos encontrado una solución", respondió el profesor Nasir. "Una cosa que no estoy dispuesto a hacer es aumentar mis esperanzas" Peter tamborileaba con los dedos sobre la mesa. "Yo también lo pensé, pero después de pensarlo mucho, esto podría funcionar", respondió el profesor Nasir. "Entonces quiero que esta información sea clasificada; ninguna otra alma fuera de su equipo debe escucharla" Peter se sentó inmediatamente en su silla. "¿Cuál es la solución?" preguntó Peter. "Hemos estado trabajando en una prima noble llamada 'Silvio'", respondió el profesor Nasir. "Estoy escuchando", Peter estaba prestando una atención extasiada. "Silvio es una entidad digital que tiene mente propia, y su capacidad de pensamiento es superior a la de diez hombres. Silvio fue diseñado para resolver el problema de los fondos descentralizados, la escalabilidad y la seguridad. De hecho, Silvio es nuestra única posibilidad de resolver el trilema", explicó el profesor Nasir. "¿Me estás diciendo que vosotros, en Portland, habéis creado una inteligencia artificial en medio de este naufragio?" Peter estaba impresionado. "Era eso, o esperar a que la naturaleza humana entrara en extinción", respondió el profesor Nasir. "Entonces, ¿cómo va a ayudarnos Silvio de este lío?" Preguntó Pedro. "Tendremos que esperar. Es una IA, pero estoy seguro de que se le ocurrirá algo", aseguró el profesor Nasir al director. "Está bien; sólo espero que no tarde años", contestó Peter antes de colgar la llamada. "Silvio es superinteligente; no debería tardar tanto", respondió el profesor Nasir con seguridad. "Tus palabras contra las mías", dijo Peter mientras dejaba caer el recibido. Peter había aprendido a no tener esperanzas; en los últimos tres años, ha recibido llamadas como ésta, y nada cambió. "Puede que esta vez funcione" Riley no parecía creer en sus propias palabras. "¿Te acuerdas de BTC?" preguntó Peter. "Ah... sinceramente pensé que era nuestro salvador", respondió Riley.

El profesor Slovaks llamó a Peter esa mañana; Peter estaba desesperado por encontrar soluciones. Así que la llamada del profesor Slovaks fue recibida con mucha alegría. "Buenos días, Director" Slovaks sonaba confiado. "Buenos días, profesor Slovaks", respondió Peter. "Puede que hayamos dado con una solución", respondió el profesor Slovaks. "¿Qué?" Peter saltó de su silla. "Voy a bajar. Quiero oírlo todo". Peter se apresuró a coger la llave de su coche de la mesa. "¿Señor...?" Riley casi chocó con el Director en la puerta. "El profesor Slovaks cree que han encontrado una solución", dijo Peter mientras se apresuraba a salir. "¡Oh! Menos mal. De momento me he quedado sin fondos", suspiró Riley.

Peter llegó a Arizona; tuvo que coger su coche, algo que no había hecho en mucho tiempo. La tierra ya estaba hecha un desastre, y no quería poner en peligro la tierra más de lo que habían hecho colectivamente. Si iba a ser una solución, conducir hasta Arizona era un riesgo que estaba dispuesto a asumir. Mientras conducía por la autopista, Peter no pudo evitar fijarse en unas mujeres y sus hijos que caminaban por la carretera. Estaban cubiertos de hollín y los niños parecían desnutridos. Las niñas de la granja estaban cubiertas de hollín oscuro y el sol era muy fuerte en su piel. Uno de los niños apenas podía caminar por la carretera asfaltada, que estaba hirviendo. Peter pudo sentir su dolor y desesperación; se dio cuenta de cómo el trilema había hecho sufrir a mucha gente. Eran las consecuencias de su propia negligencia, pero tenía que haber una salida al trilema. Afortunadamente, el profesor Slovaks había encontrado una. Peter pisó el acelerador y llegó pronto al centro de investigación. Se encontró con el profesor Slovaks en el aparcamiento; el coche de Peter era el único en el gran estacionamiento. "Me sorprende que todavía tenga gasolina", dijo el profesor Slovaks mientras estrechaba la mano del director. "Almacené gasolina para situaciones de emergencia como ésta", respondió Peter.

"Entonces, ¿qué tenemos aquí?" Peter y el profesor entraron en el edificio. "Se llama BTC. Con su permiso, nos estamos preparando para lanzarlo cuanto antes". Contestó el profesor Slovaks. "Si esta cosa funciona, entonces prepárense para el lanzamiento" Peter podía sentir la sangre corriendo en su cuerpo. "Eso es genial. El BTC va a reactivar la redistribución de la riqueza y también a proporcionar más oxígeno a la gente. Deberíamos ver el verde en los próximos meses", explicó el profesor Slovaks. "Pensar que odio el verde y ahora todo mi ser depende de la cantidad de verde que nos queda en la tierra", dijo Peter mientras entraban en la sala de control. En la pantalla se proyectaba el BTC. "Entonces, ¿cómo lanzamos esta cosa?". preguntó Peter. "Lo enviamos al espacio exterior con nuestras naves cohete", respondió el profesor Slovaks. "Entonces, ¿qué pasa después?" preguntó Peter. "Cuando se posiciona adecuadamente en el espacio, se activa un orbe alrededor del planeta que protege a la muerte de los rayos UV en el espacio", respondió el profesor Slovaks. "¿Qué es lo peor que podría pasar?" preguntó Peter. "En este momento, no hay ningún riesgo que no merezca la pena correr", respondió el profesor Slovaks. "Eso es exactamente lo que pienso", respondió Peter.

"Lancémoslo", respondió Peter. "Lancemos el BTC", dijo el profesor Slovaks a la sala, y la noticia fue acogida con un ensordecedor aplauso. Peter observó la pantalla mientras el cohete se preparaba para ser lanzado desde la nave espacial. Sus ojos estuvieron fijos en la pantalla hasta que el BTC se desmontó y se plantó en el espacio. "¿Cuándo se creará el orbe?" preguntó Peter. "Debería tardar uno o dos días, pero estaremos atentos", respondió el profesor Slovaks. Mientras Peter y el profesor estaban quietos, algo golpeó el satélite BTC. "¿Qué fue eso?" Peter se giró rápidamente. La sala de control había perdido imágenes. "¿Qué está pasando?" gritó el profesor Slovaks. "Creo que hemos perdido la cámara; estamos funcionando a ciegas, señor", respondió un tipo con gafas de montura ancha sentado frente a un ordenador. "¡Sabe que tenemos que controlar el progreso del BTC!" El profesor Slovaks estaba obviamente nervioso. "Sube algunas cámaras lo más rápido que puedas" El corazón del profesor Slovaks se aceleraba. Peter se paseaba por la habitación, esperando que el satélite BTC no hubiera sido destruido.

Tras varios días de intentos, el equipo consiguió llevar una cámara al espacio. Pero la respuesta no fue la que esperaban. La activación del BTC no era progresiva; el orbe era lento y sólo podía cubrir algunas partes del globo. "¿Cuánto tiempo va a tardar?" preguntó Peter. "No tengo ni idea" el profesor Slovaks sonaba perplejo. "Así que lo que está diciendo es que vamos a tener que conformarnos con este pequeño arco" Peter levantó las manos en el aire. "Te puedo garantizar que este no es el resultado que esperábamos", profesor Slovaks. "¡Tardaremos años en completar este orbe! Eso si no hay ningún fallo" Peter sonaba exasperado. Vio la mirada de decepción en los rostros de las personas que han trabajado incansablemente para encontrar una solución y se dio cuenta de que acababan de dar lo mejor de sí mismos y habían fracasado. "Está bien, todos. Sigamos adelante", dijo Peter mientras salía de la sala. Peter necesitaba un poco de aire fresco, pero el aire ya no era fresco. Caminó hacia la parte superior del edificio, el cielo estaba oscuro, y Peter no podía saber si iba a llover o no. La tierra parecía calcinada, y no había vegetación verde que admirar. Todo parecía soso, y la vida había perdido su color.

Peter oyó unos pasos que se dirigían hacia él; se giró para ver quién era. "Lo siento mucho. Realmente pensamos que teníamos las cosas bajo control" había una larga gota de sudor en el labio del profesor. "Lo entiendo" Peter sabía lo mucho que todos querían que funcionara. "El BTC ha creado un refugio seguro para algunas personas en la Antártida. En mi opinión, eso es algo bueno. Sólo que es muy lento; no sabemos cuánto tiempo va a tardar o si va a llegar a dar la vuelta al mundo" Peter suspiró. "Eso es algo que no quiero que me recuerden", respondió el profesor Slovaks. "Al menos sabemos que la raza humana no se va a extinguir" Peter sonrió. "Eso es en la nota más ligera", respondió el profesor Slovaks. "Pero el impacto que tiene el trilema en el universo acabaría con el 80% de la creación humana", dijo Peter. "No sé cuánto tiempo nos queda", respondió el profesor Slovaks. "Supongo que nunca lo sabremos", suspiró Peter.

CAPÍTULO 2

Lily estaba en Canadá cuando empezó el trilema; dejó a su hija Betty, de cinco años, con su marido en Londres. Lily era especialista en cardiología; había un paciente al que había que hacerle un trasplante de corazón, por lo que el hospital tuvo que llevar a Lily en avión al país para realizarlo. La ASA había emitido un comunicado de prensa en el que se decía que la capa de ozono y que la tierra iba a ser golpeada por una enorme bola oscura que se dirigía directamente a la tierra. No sabían cuándo iba a ocurrir, pero sus cálculos eran que iba a ocurrir en una semana. El plan era apresurarse hacia Canadá y regresar rápidamente antes de que los rayos UV directos golpearan la tierra. Iba a ser una parada rápida, y tenía tiempo, pero las cosas no salieron como estaba previsto. En el momento en que Lily terminó la operación, la bola golpeó la tierra. Se produjo un sonido ensordecedor y todo se volvió negro; milagrosamente, el paciente de Lily sobrevivió, y ella se alegró de haber dado a alguien otra oportunidad de pasar tiempo con su familia.

Sin embargo, Lily no tenía ese privilegio; su marido y su hija estaban muy lejos, en Londres. Lily no podía llegar hasta ellos, y eso era frustrante. Intentó reservar un vuelo de vuelta a casa esa noche, pero el aeropuerto ya no funcionaba, los teléfonos móviles no funcionaban y parecía que el mundo se había acabado. Lily se esforzó por volver a casa, pero todos sus planes fueron inútiles. Algunas personas la extorsionaron con el dinero que le quedaba con la promesa de que la iban a llevar de vuelta a Londres. Pero eso nunca ocurrió, y Lily se quedó sin dinero en Canadá. Gracias a Dios, algunas buenas personas vinieron a compartir la comida en el ahora disfuncional hospital. Lily se sentó en uno de los bancos de la sala, el número de enfermos se había disparado y el hospital carecía de personal. El ambiente ya no era habitable, es normal que la gente enferme. Las empresas farmacéuticas estaban cagadas, no podían acceder a los recursos, y era muy arriesgado liberar gases tóxicos en la atmósfera ya contaminada. Lily se preguntaba cuánto tiempo más podrían soportar las penurias; era el fin. Pero incluso al final, Lily quería estar con su familia, pero no podía, y eso era devastador.

Si al menos pudiera salir de Canadá, pero no había forma de hacerlo; si se encontraba a alguien conduciendo un coche en la calle, la gente atacaría a ese individuo por intentar destruir el atisbo de esperanza que les quedaba. "¿Sra. Brandon?", una de las jóvenes enfermeras se dirigió hacia Lily. "Ashely, no esperaba verla hoy aquí" Lily se sentía un poco mareada. "Me cansé de estar sentada en casa y esperar a que todo esto termine" Ashely lanzó sus manos al aire. "Espero que termine pronto" Lily suspiró. "¿De verdad crees que va a terminar?" preguntó Ashely. "No lo sé; sólo tenemos que esperar que termine algún día" Lily se encogió de hombros. "¿Cómo va a ocurrir eso?" Ashely se quedó mirando a Lily. "No tengo ni idea. Sólo quiero estar con mi familia", gritó Lily, su voz recorrió toda la sala. La habitación estaba en absoluto silencio, y era casi como si nadie se moviera. "Está bien, Lily" Ashely le dio un suave masaje en la espalda. "Mi familia estaría muy preocupada; les prometí que iba a volver al día siguiente. No tenía ni idea de que el día siguiente iba a ser un caos". Lilly moqueó. "Creo que tienes que dejar de darle demasiadas vueltas", le aconsejó Ashely. "No sabes lo que siento", replicó Lily. "Bueno, sé que esto no te va a sacar de Canadá", respondió Ashely. Las palabras de Ashley sonaron en los oídos de Lily; inhaló profundamente y se recostó en la silla.

"Sé cómo te has sentido, pero creo que sé algo que te sacará de esta trinchera", susurró Ashely. "¿Lo sabes?" Lily se acercó a la enfermera; era evidente que no quería que nadie la oyera. "He oído que es muy caro, pero créeme, es tu único billete para salir de este lugar", continuó Ashely. "Soy todo oídos", escuchó Lily absorta. "Ethereum", dijo Ashely en voz baja. "¿Ethereum?" Lily se quedó mirando a la chica sin comprender. Ashely asintió levemente con la cabeza. "La noticia es que hay un lugar habitable en la Antártida, pero no se puede entrar allí sin ETH", explicó Ashely. "No sé hasta qué punto eso es cierto; yo sólo quiero volver a casa", respondió Lily. "Los privilegiados se están creando un refugio seguro con Ethereum", respondió Ashely. "¿Cómo es eso posible, Ashely?" preguntó Lily. "Bueno, sé que no todo el mundo va a morir", respondió Ashley. Lily miró fijamente a la joven enfermera, esto era un gran riesgo, y el dinero era todo lo que le quedaba. "Entonces, ¿qué hacemos?" Preguntó Lily en voz baja. "Conseguiré más información y luego me pondré en contacto contigo; he oído que van por mar", respondió Ashley. "Mar, el agua está contaminada; no durarían ni un día allí", jadeó Lily. "Eso si van a la Antártida" Ashley se puso en pie mientras llevaban a un joven al hospital. Lily observó cómo la joven enfermera atendía al paciente; Ashely era una joven agradable. A Lily le preocupaba que si el plan de Ashely no funcionaba, entonces podría no ver nunca a su hija. Lily se sentó en la silla, repasando los detalles de su discusión. "¿Sra. Brandon? Creo que necesito su ayuda" Ashley estaba arrodillada frente al hombre. "¿Qué pasa?" Preguntó Lily mientras se acercaba al grupo. "Creo que es mejor que lo vea usted misma", respondió Ashley. Lily examinó al paciente y le dijo que abriera la boca; lo que vio a continuación la hizo retroceder. La garganta del hombre estaba cubierta de negro como si estuviera pintada de negro. "¿Cuánto tiempo ha estado fuera?" preguntó Lily. "Más de un mes, no tiene un lugar donde quedarse. Así que vivimos juntos en un cobertizo", respondió la mujer que estaba a su lado. "Te entiendo perfectamente, pero esto no va a ser fácil. No tenemos drogas, y tenemos que sacarle la mancha del organismo" Lily se sintió impotente.

"Déjame ver qué puedo hacer", dijo Ashley. "¿Qué puedes hacer?" preguntó Lily. "Ya que todo lo que hacemos es perjudicial para el medio ambiente, intentar salvar a un moribundo no debería doler", respondió Ashley. "¿Tienes idea de que todos vamos a morir en este trilema en un momento" Lily no veía la necesidad de salvar a alguien ahora cuando todos iban a morir pronto? De todos modos, no había forma de que nadie sobreviviera al trilema. Desde el punto de vista de Lily, le estaban haciendo un gran favor al hombre si lo dejaban morir. "Sólo dime lo que necesitas" Ashley fue inflexible. "Sé que no encontrarás ninguna droga. Así que el agua limpia es mi única opción", respondió Lily. "Agua limpia", Ashely suspiró profundamente antes de salir de la habitación. Lily observó a la joven enfermera salir de la habitación; si el Ethereum iba a llevarla a casa, entonces tenía que intentarlo. Lily nunca se había imaginado que se encontraría en una situación tan indefensa. No había nada malo en intentarlo, pero la esperanza de Lily era que esta vez funcionara.

Betty se sentó en la oscura sala de estar; una pequeña lámpara junto al sofá era toda la luz que podían permitirse. Cuando empezó el dilema, el gobierno había puesto en marcha una estructura de control de la energía y los residuos. El padre de Betty se fue de casa por la mañana y Betty se quedó sola. Vio el retrato de su madre en la televisión; Betty podía recordar el día en que se tomó la foto. La familia había ido a la playa, y fue uno de los días más felices de la vida de Betty. El cielo era azul y los pájaros volaban con libertad; el agua era cristalina. Betty se lo pasó muy bien recogiendo conchas en la playa con sus padres; su padre le hizo un collar de conchas marinas cuando volvieron. Era precioso, y Betty se había puesto el collar en la cama esa noche. Se quedó mirando el retrato, y su madre era médico. Betty recordaba el día en que su madre se fue a Canadá. Sus padres tuvieron una gran pelea; el padre de Betty no quería que su madre se fuera. El gobierno ya había anunciado que se avecinaba el trilema, y nadie les tomó en serio hasta que empezaron los signos visibles. La madre de Betty estaba muy dedicada a su trabajo.

"Tengo que irme, Kelvin", dijo Lily mientras hacía las maletas. "Entonces qué pasa con nosotros" respondió Kevin. "Estaré fuera sólo un día. Volveré antes de que te des cuenta", dijo Lily mientras abría la puerta. "Hola, cariño. Mamá volverá pronto" Lily plantó un suave beso en la frente de Betty. Esa fue la última vez que Betty vio a su madre; no volvió al día siguiente como había prometido. Betty lloró cuando empezó el trilema y su madre no estaba allí para consolarla. Betty estaba tan triste que se metió en la cama, y no habló durante días; el trilema se lo iba a llevar todo; eso dicen las noticias. Betty deseaba poder ir a Canadá y decirle a su madre lo mucho que la quería. Betty vio cómo el cielo se volvía negro como el carbón; ya no era una sorpresa. Al principio, Betty gritaba cada vez que todo se volvía negro, hasta que se acostumbró. Todo había cambiado desde el trilema, Betty ya no tenía amigos y no era fácil jugar con otros niños porque estaban encerrados en la comodidad de su casa. Betty suspiró profundamente; su única amiga era la señora Brentwood. La mujer mayor se sentaba en el porche todas las tardes, y disfrutaba leyéndole cuentos a Betty.

La puerta se abrió y el padre de Betty entró en la habitación. "Tráeme un plato", dijo Ethan. Betty corrió a la cocina para coger el plato. Betty regresó rápidamente y vio cómo su padre sacaba las setas de los bolsillos. "¿Dónde los has encontrado?" preguntó Betty mientras clavaba los dientes en la seta. "Tuve que adentrarme en el bosque para conseguirlas", respondió Ethan. Vertió las setas en el plato. "¿Papá?" Betty no estaba segura de cómo se lo tomaría su padre. "Sí, cariño" Ethan estaba limpiando la seta. "¿Podemos ir a ver a mamá?" Preguntó Betty. "Ojalá pudiéramos, cariño. Pero no podemos", respondió Ethan. "¿Por qué?" Betty no podía entender nada. "Vamos, cariño" Ethan dio una palmada en el sofá, y Betty corrió al asiento de al lado. "Di, ¿sabes por qué estamos comiendo setas?" le preguntó Ethan a la niña. "Porque no tenemos comida" respondió Betty. "Eso es correcto, pero ¿sabes por qué no tenemos comida?" preguntó Ethan. "La señora Brentwood dijo que las plantas se están muriendo" Betty se encogió de hombros. "Tienes razón, buen trabajo Betty" sonrió Ethan. "Algo le pasó a todos en el mundo, y es nuestra culpa. Ahora los cielos ya no son azules, las aguas ya no son blancas, y ¿adivina qué?" preguntó Ethan a su hija. "No tenemos comida y no tenemos dinero", explicó Ethan. "¿Así que no podemos ver a mamá?" preguntó Betty con tristeza. "No tenemos dinero, cariño. Y si vamos a ver a mamá, necesitamos dinero". Explicó Ethan.

"Pero yo tengo dinero. ¿Podemos ir a ver a mamá con mi propio dinero?" preguntó Betty. "¿Tienes dinero?" Ethan se quedó mirando a la chica sorprendido. "Sí, tengo dinero" Betty corrió a su habitación y volvió a la sala de estar con una hucha familiar. "No he roto mi hucha porque no hemos tenido Navidad", dijo Betty a su padre. "Ya lo veo", respondió Ethan. "Papá, ¿podemos romperla juntos?" preguntó Betty con una sonrisa. "Por supuesto, cariño. Si eso es lo que quieres", respondió Ethan. Betty entró corriendo en la habitación y volvió de nuevo con un martillo. "Vamos a coger todo el dinero y vamos a ver a mamá", dijo Betty felizmente mientras le daba el martillo a su padre. "¿Estás segura de esto, cariño?", preguntó su padre. "¡Sí!" Betty sonrió, había ahorrado mucho dinero y por fin iban a ver a mamá.

El padre de Betty golpeó la hucha con un martillo, las monedas y los billetes de dólar se desparramaron por el cerdo roto. "Ahora tenemos dinero" Betty saltó por la habitación feliz. "Vamos a contar el dinero", respondió Ethan. Betty se sentó en la alfombra "1,2,3,4,5,6,7,8...." Betty y su padre contaron el dinero. "¡Papá! Tenemos mucho dinero. Tenemos 127!" Betty gritó emocionada. Ethan no había visto a Betty sonreír en mucho tiempo, así que disfrutó viendo a la niña. "Iremos a ver a mamá mañana con este dinero" Betty envolvió el dinero en una servilleta limpia. "Guardaré esto bajo mi almohada, para que el dinero no se pierda, y espero que el hada de los dientes no venga a por él", dijo Betty. "Creo que el hada de los dientes no viene a menos que haya un diente bajo la almohada", respondió el padre de Betty. "Pero se lleva mi diente de debajo de la almohada. No quiero que se lleve mi dinero. Papá, ¿esconderemos el dinero en el suelo?". Betty miró por la ventana. "Entonces alguien que no tiene dinero se llevaría nuestro dinero", respondió el padre de Betty. "Eso es cierto" Betty puso las manos bajo la barbilla. "Entonces, ¿qué hacemos?" preguntó Ethan. "Lo guardaríamos bajo la maceta de mi habitación. Así, el hada de los dientes no lo cogería, y entonces nadie sabrá que está ahí" A Betty le encantó la idea. "Me gusta esa idea", aplaudió Ethan emocionado. Betty vertió la arena de la maceta en un plato y puso la servilleta en la maceta. Cuando la servilleta estuvo a salvo en el pozo, Betty volvió a verter la arena en la maceta. Nadie sabría que el dinero estaba en la maceta. "Voy a hacer las maletas", dijo Betty después de esconder el dinero. "De acuerdo", sonrió Ethan.

A la mañana siguiente, Betty se apresuró a ir a la habitación de su padre "Papá, despierta" Betty llevaba puesto su vestido favorito. La señora Brentwood arregló el vestido con aguja e hilo, y parecía nuevo. "Vamos a llegar tarde", gritó Betty. "Buenos días, Betty" sonrió Ethan. "Buenos días, papá" Betty devolvió la sonrisa. "Papá, date prisa, vamos a llegar tarde", dijo Betty. "Está bien, voy a prepararme", respondió Ethan. Betty y su padre tuvieron que caminar hasta la estación de tren; Betty vio a una niña pequeña que parecía de su edad sentada en la estación de tren con la ropa sucia. "Papá, ¿está bien?" Betty tiró de las mangas de su padre. "No lo sé. Tal vez deberíamos preguntarle", respondió Ethan. Betty se acercó a la chica de la estación de tren. "¿Estás bien?" Betty se sentó junto a ella en el suelo. "No encuentro a mi mamá", lloró la niña. "¿Adónde se fue?" Betty le preguntó a la niña. "Cuando me desperté, ya no estaba", respondió la niña. "Estoy segura de que volverá. Yo también voy a buscar a mi madre", respondió Betty. "¿Estás segura?" la niña se secó las lágrimas. "Mi madre volverá pronto. Entonces, tu mamá volverá pronto" Betty sonrió. "Gracias" la niña le dio un fuerte abrazo a Betty antes de salir corriendo. "Buen trabajo, Betty" Ethan sonrió y le dio a su hija una palmadita en la espalda. "Ven, cariño, vamos a preguntarle al señor de allí si puede conseguirnos un tren a Canadá", dijo Ethan. Betty se apresuró hacia donde estaba sentado el hombre. "Buenos días, señor. ¿Puede venderme dos billetes a Canadá, por favor?" preguntó Betty. "¿Tiene usted dinero?", preguntó el hombre. "Tengo dinero", respondió Betty con seguridad. Betty puso su servilleta sobre la mesa para mostrarle al hombre su dinero. "Lo siento mucho, querida, pero esto no te llevará a Canadá", respondió el hombre. "¿Por qué?" preguntó Betty, decepcionada. "No es Ethereum", respondió el hombre. "¿Ethereum?" Betty y Ethan corearon. "Sí, el único dinero que puede llevarte a Canadá es Eth", respondió el hombre. "¿Puedo comprar ETH con mi dinero?". Betty miró su dinero en la servilleta. "El ETH es súper caro, y tu dinero no te alcanzará para comprar", respondió el hombre. "Supongo que todo esto es un desperdicio entonces" Betty estaba triste. "Vamos, Betty, vayamos a casa", dijo su padre. Ethan y Betty ataron la servilleta. "Gracias, señor", dijo Betty al hombre mientras salían de la estación de tren. "Así que no vamos a ver a mamá", dijo Betty mientras salían de la estación de tren. "Cuando todo esto termine, mamá volverá a casa", intentó sonreír Ethan. "Pero puede que esto no acabe nunca y que mamá no vuelva nunca", gritó Betty. "¡Oh! Cariño, no llores" Ethan le dio un gran abrazo a su hija. "¿Volveremos a ver a mamá?" preguntó Betty. "Estoy seguro de que mamá volverá", aseguró Ethan a su hija. Betty y su padre caminaron de la mano de vuelta a la casa. "¿Sabes lo que vamos a hacer?" preguntó Ethan de camino a casa. Betty negó con la cabeza y miró fijamente a su padre. "Vamos a escribirle una carta a mamá", respondió el padre de Betty. "No sé cómo escribir una", se quejó Betty. "Bueno, papá te va a ayudar y nos vamos a asegurar de que le llegue a mamá", prometió Ethan.

Cuando Betty y su padre llegaron a la casa, la señora Brentwood estaba sentada en su porche mirando al cielo. "Buenos días, señora Brentwood" Betty subió corriendo los escalones del porche para reunirse con la señora Brentwood en la escalera. "Buenos días, Betty. ¿Cómo estuvo tu noche?" Preguntó la señora Brentwood. "Quería ir a ver a mi mamá en Canadá, pero el hombre de la estación de tren me dijo que no podía usar mi dinero", respondió Betty. "¡Oh! Lo siento mucho, querida", dijo la señora Brentwood. "No pasa nada; papá me va a ayudar a escribir una carta para que se la pueda enviar a mamá", respondió Betty. "Esa es una muy buena opción" la señora Brentwood ya no miraba al cielo. "Yo también lo creo. Voy a decirle a mamá que no hubo Navidad y que no tuvimos pavo de Navidad para la cena. También le diré que eres mi nuevo amigo, y que el hombre de la estación de tren no me dejó venir a Canadá porque no tenía ETH", dijo Betty en su apuro. "También puedes decirle que vas al campo a recoger flores frescas para mí", añadió la señora Brentwood. "Sí, también puedo decirle que conocí a una chica en la estación de tren que también buscaba a su madre. Le dije a la chica que iba a encontrar a su madre, y dejó de llorar" Betty sonrió. "Estoy segura de que tu madre estaría muy orgullosa de ti" sonrió la señora Brentwood. "Gracias, señora Brentwood. Traeré más flores por la noche" Betty sonrió mientras bajaba los escalones. "Gracias, cariño. Eres un alma tan dulce" la Sra. Brentwood sonrió mientras veía a la niña correr hacia su casa.

Betty encontró un lápiz en su cajón; también arrancó una página de su cuaderno. "¡Papá! Vamos a escribir la carta a mamá", dijo Betty mientras se sentaba junto a su padre. "De acuerdo", Ethan dejó el papel sobre la alfombra. "Quiero contarle todo a mamá", dijo Betty con una sonrisa. "Bueno, puede que necesites otro papel", respondió Ethan. Betty corrió a su habitación para coger el cuaderno; iba a contárselo todo a mamá.

"¿Sra. Brandon?" un joven entró en la sala del hospital. "Sí"

Lily apenas podía oírse a sí misma; estaba agotada. "Tiene un correo" el hombre le entregó un sobre blanco. "¿Un correo?" Lily comprobó la dirección postal, y era de su casa en Londres. A Lily le temblaban las manos al abrir el sobre; parecía una larga carta de Betty. Sorprendentemente, la letra de Betty era pulcra y limpia.

Querida mamá: Hola, mamá. Espero que te vaya muy bien. ¿También está oscuro el cielo en Canadá? Quería venir a verte; no había Navidad, así que no pude gastar nada de mi dinero. No había árbol de Navidad, ni galletas de Navidad, ni pavo de Navidad porque el cielo estaba negro. La Sra. Brentwood no tiene flores de nuevo porque el cielo está negro. Todas sus flores murieron, ahora la Sra. Brentwood sólo tiene hermosas macetas frente a su casa. A la Sra. Brentwood también le encanta sentarse en su porche a mirar el cielo negro, y no sé por qué. Anoche papá y yo hicimos sopa de setas a veces. También fui al campo a buscar flores para la señora Brentwood.

Envolví mi dinero en una servilleta limpia después de romper mi hucha; papá y yo íbamos a ir a verte. Pero el amable hombre de la estación de tren me dijo que sólo podía subir al tren si tenía ETH. Le dije que quería verte, pero me dijo que era muy caro. También conocí a una chica en la estación de tren que buscaba a su madre, estaba llorando, pero le dije que iba a encontrar a su madre. La chica dejó de llorar y me dedicó una gran sonrisa. Papá me sugirió que escribiéramos esta carta.

PD: Papá te echa de menos, y yo te quiero. Vuelve pronto a casa Una lágrima se escapó de los ojos de Lily; moqueó al leer la carta de su hija. Lily estaba muy enfadada por no poder ver a su hija. Tal vez debería haberse quedado en Londres. El hospital se estaba llenando de gente y no había medicamentos para tratar a los pacientes. Lily se sentó con su carta y se imaginó lo decepcionada que debía sentirse Betty al no poder venir a Canadá. Lily sabía que tenía que encontrar la manera de volver a casa, pero no podía permitirse el ETH. Ashely dijo que era muy caro, pero que se podía comprar a particulares. Lily no había visto a Ashely en toda la mañana y sólo podía esperar que la joven enfermera no se hubiera fugado con el resto de su dinero. Lily guardó la carta en su bolso; oía ruidos procedentes de la sala, así que decidió comprobarlo. Lo único que podía ofrecer en ese momento eran palabras de ánimo.

En el centro de investigación de Portland, el profesor Nasir y su equipo trabajaban sin descanso. "Señor, ¿puede venir a echar un vistazo a esto?" Leonard miraba fijamente la pantalla del ordenador. El profesor Nasir se acercó a la pantalla de Leonard. "¿Qué tenemos aquí?", preguntó el hombre. "Parece que los rayos UV ya no están latentes; están atacando a la raza humana", respondió Leonard. "Cuando dice 'atacando', ¿qué está insinuando?". El profesor Nasir se metió las manos en el bolsillo. "No lo sé, señor, pero esto no tiene buena pinta. A estas alturas, nadie podría salir al exterior", respondió Leonard. "Creía que la BTC estaba instalada de forma segura en alguna parte del mundo", el profesor Nasir se paseaba. "El BTC es muy lento", respondió Camille. "¿ETH?" El profesor Nasir trataba de ocultar su ansiedad. "Súper caro", respondió Rob. "Entonces, ¿cuáles son nuestras opciones?" el profesor. "Tenemos que encontrar una solución a menos que, los rayos UV nos maten", respondió Leonard. "La raza humana no puede librar esa batalla", dijo Rob en voz baja. "Camille, ¿cómo está Silvio?" El profesor Nasir se sentó en una silla. "No ha terminado", respondió Camille. "¿Cuánto tiempo tenemos?" El profesor Nasir tamborileaba con los dedos sobre la mesa. "No lo sé, pero realmente necesitamos un salvador en este momento. Esto va a ser una batalla feroz y espantosa" Rob miraba fijamente el ordenador. "Escuchad todos, no es momento de entrar en pánico. En lo que a nosotros respecta, Silvio es lo único que puede funcionar. Hemos estado en este proyecto durante los últimos dos años, y créanme; no podemos rendirnos ahora. Va a ser un viaje largo y lleno de baches, pero será mejor que pongamos en marcha Silvio antes de que empiece la guerra" El profesor Nasir sabía que el equipo necesitaba la motivación; si iban a salvar al mundo del peligro inminente.

"¡Así que, todo el mundo, a trabajar! Acabemos con esto y pasemos lo que nos queda de vida con la familia", ordenó el profesor Nasir. Todos volvieron al trabajo inmediatamente. "Leonard, quiero que me mantengas al tanto de las actividades de los rayos UV. Esperemos que podamos crear una resistencia antes de que se vuelvan demasiado violentos". Dijo el profesor Nasir. "De acuerdo, señor", respondió Leonard. "Camille, ¿cuál es el problema con Silvio?" Preguntó el profesor Nasir; Camille era una de las mentes brillantes del equipo, y también era una de las mejores ingenieras de software del mundo. "Necesito poner en marcha el sistema operativo. Silvio está diseñado para generar soluciones por sí mismo con su inteligencia artificial", Camille dio un sorbo a su taza de café. "Si te he oído bien. ¿Silvio no es el auténtico, sino que es la casa generadora?" El profesor Nasir se quedó mirando la pantalla sin comprender. "Eso es exactamente lo que estoy diciendo; con su inteligencia artificial, crearía una tecnología capaz de luchar contra los destructivos Intrusos", explicó Camille. "Eso es bueno. Necesitábamos que Silvio se pusiera en marcha lo antes posible. Si los violentos rayos UV estallan, será un desastre, y créeme, no queremos eso", inhaló profundamente el profesor Nasir.

El profesor se había esforzado por encontrar una solución con los miembros de su equipo desde el día en que el equipo descubrió que el orbe de ozono había desaparecido. Fue algo que no vieron venir y que tomó al mundo por sorpresa. El profesor Nasir se recostó en su silla y se preguntó cómo iba a hacerse realidad lo de Silvio. Si era sincero, tenía sus dudas. Con el peligro inminente, no habría tiempo suficiente para realizar un diagnóstico adecuado del programa. Estaban volando a ciegas, y lo único que podían hacer en ese momento era confiar en sus instintos. Los rayos ultravioleta podían matar a una persona en un instante. Lo cierto es que antes de lanzar el BTC, el profesor Nasir tenía el presentimiento de que no iba a tener éxito. La creación de un orbe que asegurara todo el universo sólo podía durar un tiempo, y si iban a crear algo que fuera estacionario y se regenerara, tenían que producir un sistema que pudiera recrearse a sí mismo. Así fue como se dio vida a la idea de Silvio; el profesor Nasir sólo podía esperar que la idea se quedara en nada.

El ETH fue creado por los países que estaban fuera de peligro; el ETH fue un intento de centralizar los fondos. Su objetivo principal era erradicar la situación financiera, pero no pudo lograr ese propósito porque era demasiado caro, y el hombre medio no podía permitírselo. La gente se moría de hambre, y por la contaminación, no podía recibir tratamiento; porque producir medicamentos es peligroso para el medio ambiente ya contaminado. Nada funcionaba, y el profesor Nasir sólo podía esperar que Silvio fuera un éxito. Silvio es la única salida, y tenían que hacerla funcionar. "Rob, ¿puedes conseguirme el margen de BTC en la pantalla? Necesitamos conocer el desarrollo progresivo", dijo el profesor Nasir. La imagen se proyectó en la gran pantalla de la sala. "Se está desgastando", dijo Camille en voz baja. "No durará mucho tiempo. El orbe ya no avanza; si la lucha comienza, va a partir de ahí" Leonard señaló la pantalla. "Nada de esto ocurrirá si conseguimos que Silvio se prepare antes", dijo el profesor Nasir. "Uh.... No lo creo. Los rayos ultravioleta han tocado base en algún lugar de Asia, y está registrado que más de dos decenas han muerto" Rob proyectó la imagen en la pantalla. La sala se quedó en silencio mientras miraban la pantalla. "Hagamos algo antes de que nos alcance", dijo el profesor Nasir. "Voy a salir un rato" el hombre salió del centro de control hacia el mundo oscuro. El mundo se había vuelto tan oscuro que ya ni siquiera sabía cómo era el mundo con color. El problema era que el profesor Nasir no sabía si el mundo volvería a ser el mismo. Se necesitaría un milagro para restaurar el mundo a su forma original.

* * * Betty estaba en los campos; disfrutaba recogiendo flores silvestres. Todos pensaban que habían desaparecido, pero Betty sabía dónde encontrarlas. Un día, mientras caminaba Betty, encontró lo que parecía una cala en el campo. Era un espacio cerrado, escondido de la dura luz del sol, y de alguna manera la hierba se las arreglaba para permanecer verde. Era el lugar favorito de Betty; otros niños no salían a jugar porque sus padres no querían que se les metiera el hollín en las fosas nasales y la boca. Betty tenía que salir de casa con una máscara (que la señora Brentwood le hizo). Betty volvía a casa con su cesta de flores cuando vio una iluminación en el cielo. Fue tan aterrador; Betty corrió a casa. Cuando Betty abrió la puerta de la casa, cayó un gran trueno y Betty dejó caer la cesta asustada. "¡Papá!" Betty encontró a su padre en la cocina. "Sí, cariño", su padre la rodeó con la mano. "¡Papá! Algo está pasando", dijo Betty; había lágrimas en sus ojos. Betty y su padre se dirigieron a la sala de estar y vieron la iluminación en el cielo, los truenos, y vieron un gran tronco de árbol caer al suelo. "¡Papá!" Betty utilizó a su padre como

escudo. Ethan abrazó a la asustada niña "Vamos, cariño. Estoy aquí contigo" Ethan no sabía qué hacer. Entraron en la casa y Ethan cerró las cortinas; podían oír el sonido pero no podían ver nada. "Probablemente sea sólo por unas horas. Estaremos bien", aseguró Ethan a su hija. "¿Estás seguro?" Betty se agarró a las mangas de su padre. "Eso espero" desde que el trilema chocó contra la tierra, Ethan no estaba seguro de nada. "Tengo una idea. Toquemos algo con la guitarra para distraernos" Ethan le compró a Betty una guitarra cuando tenía cinco años. A padre e hija les encantaba tocar la guitarra juntos. Ethan sacó la guitarra de sus estuches, "¿Qué canción vamos a cantar?" preguntó Ethan. "Vamos a cantar nuestra canción" Betty sonrió por primera vez desde que entró corriendo en la casa. "Vamos a cantar nuestra canción entonces", aceptó Ethan. Padre e hija tocaron la guitarra mientras cantaban su canción favorita. La tormenta arreciaba fuera, pero Ethan tenía razón; no tenían tiempo para pensar en ello. Cuando la furia cesó, todos salieron de su casa para examinar los daños causados.

Ethan y su padre salieron de la casa; algunos de sus vecinos también estaban fuera. Había muchos troncos de árboles en el suelo, las casas de algunas personas estaban afectadas. El trueno destruyó muchas cosas; Betty miró la casa de la señora Brentwood. Las macetas estaban rotas, y su techo ya no estaba. "¿Papá?" Betty tiró de la manga de su padre para llamar su atención. "¿Sí, querida?" Ethan se volvió hacia su hija. "Señora Brentwood", Betty señaló el edificio de la mujer. "Quédate aquí. Iré a ver cómo está" Ethan cruzó corriendo la calle. Ethan llamó a su puerta "¡Sra. Brentwood!" no hubo respuesta desde el interior. "Sra. Brentwood, soy Ethan", gritó. Ethan no obtuvo respuesta; empezaba a preocuparse. Abrió la puerta de una patada con la pierna y la puerta casi se cae de los goznes. "¡Sra. Brentwood!" Ethan comenzó a buscar frenéticamente en la casa, "¡¡¡Señora Brentwood!!!" Ethan vio algo por el rabillo del ojo. La puerta de la habitación estaba ligeramente abierta; Ethan empujó la puerta y vio a la mujer mayor sentada en una silla mirando la ventana. "¿Sra. Brentwood?" Ethan se acercó y notó que la mujer tenía los ojos cerrados y no se movía. El corazón de Ethan se detuvo.

Se puso delante de ella y trató de tomarle el pulso. Las manos de la señora Brentwood estaban frías; Ethan le sujetó la muñeca para poder sentir su pulso; tenía un pulso débil. Ethan levantó a la mujer de la silla y la sacó de la casa. "Betty, tráeme toallas calientes", gritó Ethan mientras llevaba a la mujer mayor al otro lado de la calle. Betty entró corriendo en la casa y, poco después, su padre entró en ella con la señora Brentwood en brazos. Betty cogió muchas toallas y casi se tropezó. Había un cubo de agua junto a la cama;

Ethan empapó la toalla en el cubo de agua. Ethan estaba haciendo compresiones cardíacas con las manos; a Betty le habían enseñado en la escuela. Vio cómo su padre bombeaba el corazón de la mujer y escuchaba la respiración. La rutina continuó hasta que la señora Brentwood respiró profundamente. Betty exprimió el agua de la toalla y colocó la toalla húmeda sobre la frente de la señora Brentwood. Los ojos de la mujer seguían cerrados, pero Betty podía oír su respiración ahora, y eso era un alivio. Después de unos minutos, sus ojos se abrieron lentamente. "¿Betty?" La voz de la señora Brentwood temblaba. "¿Está usted bien, señora?" Betty se limpió las lágrimas de los ojos. "¿Qué ha pasado?" Preguntó la señora Brentwood. "Hubo un rayo en el cielo y fuertes sonidos de truenos retumbando. Y...." Betty estaba explicando cuando su padre la cortó. "Shhh... deja que la señora Brentwood descanse; puedes contárselo todo cuando se despierte" sonrió Ethan. "De acuerdo. Sra. Brentwood, papá ha dicho que tiene que descansar. Se lo contaré todo cuando se despierte". Betty le dio un fuerte abrazo a la mujer mayor. "Dejémosla descansar" Ethan tomó a Betty de la mano y salieron de la habitación. Ethan podía entender que su hija estuviera asustada; la expresión de su cara cuando salió de la casa con la señora Brentwood del brazo era algo que no iba a olvidar en una preocupación. "¿Estará bien?" preguntó Betty mientras salían de la habitación. "La señora Betty es una luchadora; va a estar bien" Ethan plantó un beso en la frente de Betty. "Está bien", suspiró Betty y miró por la ventana. Se preguntó si su madre estaría bien en Canadá. Tal vez la tormenta no llegó hasta allí; Betty rodeó a su padre con sus pequeñas manos. El profesor Nasir tuvo que llamar al Director para informarle de que Silvio estaba listo. El profesor Nasir notó que el Director no sonaba tan encantado como esperaba, y no podía culpar al hombre. El Director Peter se había visto decepcionado por varios intentos de salvar el planeta, ninguno de los cuales había funcionado. En los últimos tres años, Nasir y su equipo han dedicado su tiempo y esfuerzos a crear una IA que pueda resolver el problema por sí sola. Habían perdido a algunos miembros de su equipo durante el proyecto, y Nasir iba a asegurarse de que funcionara. Silvio les costó tiempo, sudor y sangre. Fue diseñado para ser una entidad digital altamente funcional que sería capaz de resolver el problema del mundo. El profesor Nasir miró fijamente la pantalla, Silvio tenía que funcionar, y esta vez había vuelta atrás. "Camille, ¿estamos listos?" Preguntó el profesor Nasir. "Silvio está funcionando, y es la única opción que nos queda. Así que, supongo que estamos listos", respondió Camille nerviosa. "Está bien, Camille. Todo va a salir bien" el estruendo de los truenos de fondo sembró la incredulidad en sus corazones. "Salgamos de aquí. Nuestro trabajo aquí ha terminado", dijo el profesor Nasir mientras limpiaba el escritorio. "Camille, ¿puedes hacer los honores de lanzar el programa?" Preguntó el profesor Nasir. Camille inhaló profundamente, y lanzó el programa, el equipo salió de las instalaciones, pero pudieron monitorear todas las actividades de Silvio a distancia.

CAPÍTULO 3

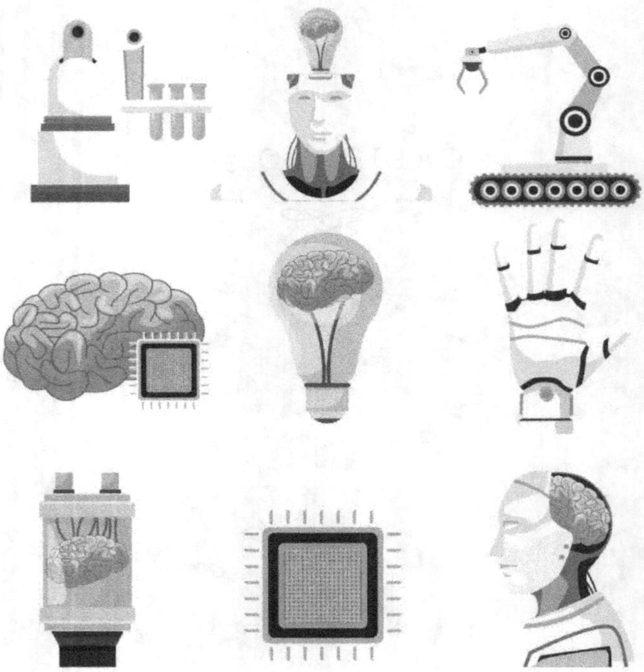

Silvio vio los relámpagos en el cielo y el estruendo de los truenos. Algo dentro de él le dijo que quería detener los truenos y los relámpagos. Silvio estaba en una habitación oscura, y no sabía cómo había llegado allí. Estuvo sentado en la oscuridad durante unos minutos, esperando a que sus ojos se adaptaran a la oscuridad. Silvio trató de encender el interruptor, pero no consiguió ninguna luz. Silvio tanteó en la oscuridad hasta que encontró la puerta y salió de la habitación. El aire del exterior era gélido y le mordía la piel; todo estaba oscuro, pero consiguió adentrarse en la ciudad. La carretera estaba desierta, y muchas casas estaban sin tejado; Silvio vio a niños sentados fuera de sus casas llorando. Era un desastre, y Silvio sabía que tenía que hacer algo. Se adentró en la ciudad, los árboles estaban secos y los relámpagos asustaban a los niños para que se escondieran. Algunos padres estaban fuera llamando a sus hijos. Silvio giró a la derecha y encontró un gran campo. Silvio miró su contador. Estaba muy lejos de su casa; vio a un niño pequeño con una cesta. Silvio escaneó la imagen y se dio cuenta de que llevaba una cesta de flores silvestres. La niña lo vio y empezó a caminar hacia él. Era la primera persona que no tenía la ansiedad escrita en su cara. "¿Te has perdido?", le preguntó la chica. Silvio se quedó mirando a la chica sin comprender. "¿Tienes miedo?" la chica dejó caer su cesta en el suelo y miró fijamente a Silvio. "No pasa nada. Voy a llevarte a casa", le dijo la chica a Silvio en voz baja. "Soy Silvio", respondió él. "Está bien, Silvio. Soy Betty" la chica sonrió. "¿Estás perdido?" Betty volvió a preguntar. Silvio estaba escudriñando su rostro; la chica estaba haciendo algo con su cara. Las comisuras de su boca se levantaron ligeramente, y Silvio trató de hacerlo también. "Estás sonriendo" Betty aplaudió emocionada. "Eso debe ser algo bueno", añadió Betty. "Soy Silvio, y voy a salvar el mundo", respondió Silvio. "¡Oh! Eso espero. Yo también quiero salvar el mundo", suspiró Betty. "Voy a salvar el mundo", dijo Silvio de nuevo. "¡Oh! No, Silvio. La tormenta se acerca; tenemos que ir a un lugar seguro. Vamos a mi casa". Betty recogió su cesta y tomó las manos de Silvio, y comenzaron a caminar hacia la casa de Betty.

"Si te pierdes, puedes quedarte en mi casa todo el tiempo que quieras", dijo Betty en su camino. "La señora Brentwood se queda en nuestra casa porque la tormenta destruyó su casa. Estuvo a punto de morir, pero papá corrió a la casa para salvarla. Por la noche, nos reunimos para cantar mientras papá y yo tocamos la guitarra" Betty habló con Silvio hasta que llegaron a su casa. Silvio miraba las casas destruidas, los troncos de los árboles en la carretera, y el entorno era un completo desastre. "¡Papá!" Betty entró corriendo a la casa con Silvio. "Estoy aquí" Ethan estaba sentado en la sala de estar. Notó que la tormenta se acercaba, y sabía que Betty correría a casa. Ethan y Betty habían estudiado la actividad de la tormenta, y la chica podía leer perfectamente el tiempo alterado. "Papá, éste es mi amigo Silvio. Lo encontré en el campo; estaba perdido. La tormenta se acercaba, así que tuve que traerlo a casa", explicó Betty. "Soy Silvio, y voy a salvar el mundo", dijo Silvio por décima vez. "Eso es lo que dijo cuando lo encontré" Betty se rió. "De nada, Silvio" sonrió Ethan, su hija tenía un amor, y realmente necesitaba un amigo. "Iré a ver a la señora Brentwood" Ethan dejó a los adolescentes para jugar. "Silla" Silvio señaló la silla junto a la chimenea. "Sí, buen trabajo. Ese es el lugar favorito de la señora Brentwood", respondió Betty. Silvio y Betty identificaron todos los objetos de la casa antes de que Ethan regresara a la sala de estar. "Betty, presenta a tu amiga a la señora Brentwood mientras preparo la cena", dijo Ethan mientras entraba en la cocina. "Silvio, vamos a saludar a la señora Brentwood" Betty recogió su cesta de flores. "Buenas noches, señora Brentwood" Betty sonrió. "Buenas noches, Betty. Tu padre me ha dicho que tienes un nuevo amigo", dijo la señora Brentwood. "Sí, Silvio se perdió en el campo. Se acercaba la tormenta, así que lo traje a casa", respondió Betty. "Eso sí que es algo bueno", sonrió la señora Brentwood. "Me llamo Silvio y voy a salvar el mundo", dijo Silvio. La señora Brentwood se rió. "Tu amigo es divertido". "Y también es inteligente. Silvio puede nombrar todos los objetos de esta habitación", dijo Betty con orgullo. "Ahora, eso es muy interesante" la señora Brentwood sonrió. "He traído tus flores" Betty retiró las flores marchitas del jarrón junto a la cama y las sustituyó por las nuevas. "Gracias, Betty". La señora Brentwood sonrió. Silvio escudriñó a la mujer en la cama; estaba enferma. "¿Está enferma?" Silvio preguntó en voz baja. "Sí, Silvio, pero me recuperaré pronto", respondió la señora Brentwood. "La señora Brentwood es una mujer fuerte" sonrió Betty. "Gracias, Betty", sonrió la señora Brentwood. "Dejémosla descansar. Podemos volver más tarde" Betty y Silvio salieron de la habitación.

Todos cenaron cuando el padre de Betty terminó de cocinar. Era una sopa insípida, pero tuvieron algo que comer después de que Betty y Silvio recogieran la mesa. A Silvio le costó limpiar los platos, pero Lily le enseñó y le cogió el tranquillo. A Silvio le dieron una habitación en la casa de Betty, pero antes de irse a la cama, todos se reunieron en la sala de estar y escucharon a Betty y Ethan tocar la guitarra. Era una noche preciosa; Silvio tenía que volver al lugar de donde venía. Tenía tiempo suficiente para pensar en lo que iba a hacer para salvar el mundo. Tenía que salvar a la señora Brentwood y darle a Betty buena comida y ropa para vestir. Cuando todos estaban dormidos, Silvio salió a hurtadillas de la casa. No había diferencia entre el día y la noche, y parecía lo mismo. Silvio redirigió su sistema GPS al lugar de donde venía. Iba a encontrar la manera de salvar el mundo. Silvio volvió a la instalación; estaba igual que la dejó. Silvio recorrió el edificio y encontró una sala con ordenadores. Silvio no pudo percibir a nadie más en el edificio. Abrió la habitación lentamente, el interruptor de la luz en esta habitación funcionaba, Silvio encendió la luz. La sala tiene la tecnología actualizada que necesitaba para crear el algo. Silvio se sentó frente a uno de los ordenadores y se puso a trabajar. Silvio era rápido y súper fácil; fue diseñado para tener más capacidad de razonamiento que los humanos. Silvio se sentó frente al ordenador durante horas, creando un programa para el algo. Era la única solución al trilema, y el algo sería diseñado para resolver la descentralización, la escalabilidad y la seguridad. La gente tenía hambre y no tenía dinero porque no había un sistema descentralizado para su dinero. El algo era un blockchain revolucionario que iba a resolver el trilema. Al día siguiente, Betty fue a la habitación de Silvio y éste no estaba. "¿Papá?" Betty corrió al cuarto de su padre. "Sí, cariño. ¿Qué pasa?" Ethan se levantó de la cama. "¿Has visto, Silvio?" preguntó Betty. "No, cariño. Debería estar en su habitación", respondió Ethan. "¡No está allí!" Los ojos de

Betty estaban llorosos. "Puede que esté fuera" Ethan se puso las zapatillas. Betty salió corriendo antes de que su padre terminara la frase. "¡Silvio! Silvio", gritó Betty, pero no obtuvo respuesta. A los pocos minutos su padre se unió a ella en la búsqueda. Buscaron por todas partes y no pudieron encontrar a Silvio. Volvieron a la casa. Betty estaba triste. "¿Papá?" "Sí, querida", respondió Ethan. "¿Crees que Silvio se perdió de nuevo?" preguntó Betty. "No lo sé", respondió Ethan. "¿Y si se hace daño?" preguntó Betty. "Bueno, espero que no lo haga. Esperemos que vuelva", respondió Ethan. "Yo también lo espero", dijo Betty con tristeza.

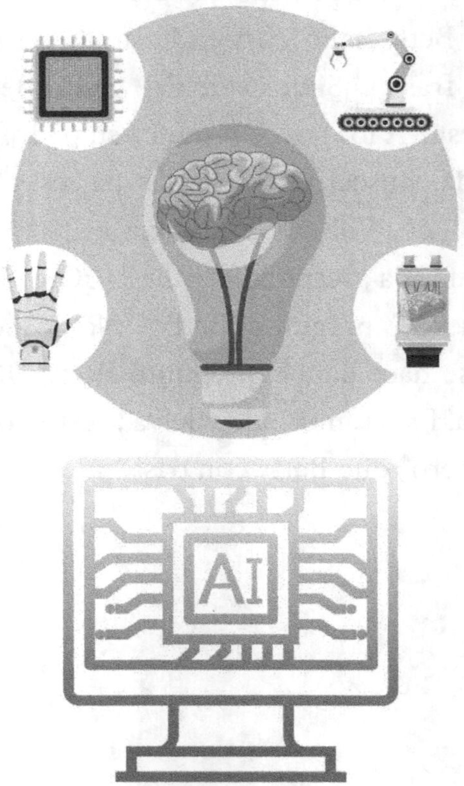

Silvio terminó de crear el algo al mediodía del día siguiente. El algo estaba hecho de carbono negativo. Silvio había programado no era lo único que podía ayudar a salvar el mundo. Silvio necesitaba a alguien que ayudara con el calentamiento global. Primero, Silvio tenía que volver a la casa de Betty. Ella era su amiga, y puede ser capaz de ayudar. Silvio dejó la instalación y caminó de vuelta a la casa de Betty, y llegó a su casa por la noche. Betty estaba sentada en los escalones del porche mirando preocupada. Cuando Silvio caminó hacia la casa, Betty levantó la vista de repente y lo vio. "¡Silvio!" Betty corrió a su encuentro en la calle. "¿Dónde has ido? Estaba tan preocupada", gritó Betty. "¿Te has vuelto a perder?" Preguntó Betty. "A partir de ahora, te quedarás a mi lado", dijo Betty mientras caminaban hacia la casa. ¡¡¡"Dad!!!! Silvio ha vuelto", dijo Betty emocionada. Ethan se encuentra con los dos adolescentes en la puerta. "Silvio, ¿dónde has estado? Nos diste un susto" Ethan se sintió aliviado de que el chico estuviera de vuelta. "Estoy cansado", dijo Silvio en voz baja. "Betty, dejemos que Silvio descanse. Podemos hacerle todas estas preguntas más tarde", dijo Ethan a su hija. "De acuerdo, papá" Betty no estaba emocionada, pero aceptó. Silvio entró en su cuarto para dormir; Betty salió de la casa y se sentó en el porche. Ella tenía muchas preguntas para Silvio, pero tendría que esperar a que él se despertara.

Betty estaba leyendo un libro a la señora Brentwood cuando Silvio se despertó de su sueño. "Silvio," Betty lo saludó. "Buenas noches, señora Brentwood", dijo Silvio al entrar en la habitación. "Hola, Silvio. Todo el mundo estaba preocupado; ¿a dónde fuiste?" La señora Brentwood preguntó. "Me fui lejos", respondió Silvio. "¿Adónde?" Preguntó Betty con curiosidad. "Está muy lejos", respondió Silvio. "¿Por qué no me llevaste contigo?" preguntó Betty. "Está muy lejos", respondió Silvio. "Está bien, pero la próxima vez, cuando te vayas, se lo dices a alguien", dijo la señora Brentwood en voz baja. Silvio respondió con un movimiento de cabeza. "Necesito descansar un poco; ustedes pueden irse ahora", sonrió la señora Brentwood. Betty y Silvio salieron de la habitación.

"¿Encontraron una manera de salvar el mundo?" susurró Betty. "Creo que he encontrado una manera, pero necesito ayuda", respondió Silvio. "Te ayudaré", dijo Betty con entusiasmo. "No ese tipo de ayuda", respondió Silvio. "Pero aún así quiero ayudar", insistió Betty. "Yo puedo resolver la situación de pobreza, pero necesito a alguien más para luchar contra el calentamiento global y la contaminación", explicó Silvio. "La próxima vez que vayas, iré contigo", respondió Betty. "Supongo que puedes ayudar en otras cosas", aceptó Silvio. "Pero tendremos que decírselo a papá antes de salir de casa", dijo Betty a su amigo Silvio. "De acuerdo", aceptó Silvio. Los dos amigos se sentaron en los escalones del porche. "¿Crees que tendremos cielos despejados pronto?" Betty preguntó. "Tendremos cielos despejados pronto, pero necesitamos a alguien que nos ayude", respondió Silvio. "Me gustaría que pudiéramos crear a alguien", respondió Betty. "¿Crear a alguien?" Silvio miró a su amiga. "Sí. Una vez hice un robot para mi proyecto de ciencias. Fue mi creación", respondió Betty. "Así es; podemos crear algo para ayudar al igual que yo fui creado para salvar el mundo con mis habilidades", respondió Silvio. "¿Eh?" Betty estaba confundida. "Gracias, Betty. Me acabas de dar la mejor idea" Silvio trató de sonreír como Betty.

Silvio se despertó a la mañana siguiente con entusiasmo. Betty era también despierta; el dúo sonrió mientras que se encontró en el pasillo. "¡Papá! Nos vamos", dijo Betty mientras entraban en la sala de estar. "Tened cuidado ahí fuera", respondió Ethan. "De acuerdo", corearon Betty y Silvio.

"¿Qué tan lejos está el lugar?" Betty preguntó mientras salían de la casa. "Muy lejos", dijo Silvio. "Tomaré mi bicicleta entonces", Betty sacó su bicicleta del garaje. "Vamos" Betty sonrió, no tenía idea de qué plan tenía Silvio, pero estaba dispuesta a ayudar a Silvio a salvar el mundo. "¿Estás seguro de que este es el lugar?" Preguntó Betty cuando llegaron a las instalaciones. "Sí. Vamos, Betty; no tenemos tiempo" Silvio se apresuró a entrar en el edificio. Betty lo siguió con cuidado; el edificio parecía espeluznante. Betty no tocó las paredes; tenía miedo de que algo saltara de ellas. Silvio se detuvo frente a una habitación y luego giró el pomo de la puerta; la habitación estaba llena de grandes ordenadores, y Betty estaba aturdida. "¡¡¡Wow!!! ¿Esto es real?" preguntó Betty. "Por supuesto que es real" sonrió Silvio; cada vez sonreía mejor. "Ven, déjame mostrarte en lo que he estado trabajando" Silvio proyectó el programa de algo en la gran pantalla. "¡¡¡Wow!!!" Betty estaba asombrada, pero Silvio no estaba seguro de si era la pantalla o el algo lo que hacía que sus ojos fueran tan grandes. "Esto es algo, es un blockchain revolucionario, pero no está terminado. Todavía necesita algunas NFT", explicó Silvio. "Realmente vas a salvar el mundo", dijo Betty asombrada. "Pero tenemos que luchar contra el calentamiento global, y es realmente importante. Si no podemos luchar contra el calentamiento global, entonces el algo sería una pérdida de tiempo", explicó Silvio. "Entonces, ¿cuál es el plan?" Preguntó Betty. "Necesitamos un guerrero que pueda luchar contra el calentamiento global", respondió Silvio. "¿Dónde vamos a encontrar a alguien así? ¿Has visto esos rayos y truenos?" Betty no podía creer lo que oía. "Por eso vamos a necesitar crear uno como lo hiciste en el proyecto de ciencias", respondió Silvio. "Ahora, me gusta esto; ¿qué hacemos?" Betty se frotó las manos entre sí. "Después de nuestra discusión anoche, pensé mucho. Vamos a crear algo como yo, y será capaz de luchar contra el calentamiento global", explicó Silvio. "¿Algo como tú? ¿Qué quieres decir?" Betty miró a Silvio con confusión. "Soy una inteligencia artificial", respondió Silvio. "Pero eres igual que yo; ¿cómo es eso posible?". La cabeza de Betty daba vueltas. "No lo sé, pero alguien me creó con genética humana" Silvio se encogió de hombros. Betty estaba en shock. "Estás bromeando, ¿verdad?" no podía creer lo que escuchaba. "No. ¿Por qué iba a mentir?" Silvio se sentó frente a uno de los ordenadores. "Entonces, ¿no eres una persona real?" gritó Betty. "Puedo actuar como una persona real, pero técnicamente soy una IA", respondió Silvio. "¿Tienes superpoderes?" Betty pensó que estaba soñando. "Creo que soy altamente funcional, y mi desempeño es más que el de una persona real" Silvio sonrió. "No puedo creerlo" Betty se apoyó en una mesa. "Bueno, esa es la verdad. ¿Podemos ponernos a trabajar ahora?" Preguntó Silvio. "Bueno, necesito un minuto para recuperar el aliento", Betty inhaló profundamente. "Sólo tenemos que idear algo que pueda combatir la contaminación", dijo Silvio. "¡Ya lo sé! Pero necesito un minuto", respondió Betty. Pasaron unos minutos antes de que Betty volviera a tener la cabeza en el juego. "Bien, estoy lista. ¿Qué necesitas que haga?" Betty exhaló con fuerza.

"Tengo una idea brillante; vamos a crear a alguien que nos ayude. Empezaré a trabajar en la programación; tú puedes empezar a trabajar en los diseños", dijo Silvio mientras empezaba a teclear algo de lenguaje de máquina en el ordenador. "¿Estás seguro de que esto va a funcionar?" preguntó Betty. "Va a funcionar, confía en mí" Silvio le mostró a Betty una sonrisa tranquilizadora. El dúo trabajó incansablemente; Betty miró el reloj en la pared. "¡Oh! Silvio, tenemos que volver a casa ahora. Si no lo hacemos, no llegaremos a casa a tiempo para la cena", dijo Betty mientras recogía sus cosas. "Pero no hemos terminado todavía", respondió Silvio. "No podemos terminar hoy. Continuaremos mañana" Betty sacó a Silvio de la habitación. "Papá estará tan enojado, y la señora Brentwood estaría preocupada", dijo Betty mientras saltaba en su bicicleta. "Pero no hemos terminado", gimió Silvio. "Silvio, los humanos reales, se preocupan cuando no pueden encontrar a alguien que aman", explicó Betty. "¡Oh! Ya veo", respondió Silvio. "Tengo mucho que enseñarte", se rió Betty. Gracias a la bicicleta de Betty, llegaron a casa antes de la cena. "Hemos estado todo el día. Estaba preocupado", dijo Ethan cuando los vio. "Silvio y yo perdimos la noción del tiempo. Lo siento, papá", se disculpó Betty. "Está bien", respondió Ethan. Todos se sentaron alrededor de la mesa para cenar; la señora Brentwood estaba lo suficientemente fuerte como para salir a cenar.

Betty y Silvio se desplazaban diariamente al centro de investigación para completar su proyecto. Después de una semana de trabajo incansable, Silvio y Betty completaron el proyecto. "¿Cómo vamos a llamarlo?" preguntó Silvio. Betty se quedó mirando el proyecto durante mucho tiempo "Kitsu", dijo en voz baja. "¿Kitsu?" Silvio no estaba seguro de haberla oído bien. "Sí. Kitsu, significa zorro inteligente", respondió Betty. "¿Por qué Kitsu?" Preguntó Silvio. "Se parece a un zorro, y me dijiste que crearías algo como tú. Eres inteligente, y el zorro es inteligente", explicó Betty. "Creo que me gusta" sonrió Silvio. "¿Y cuándo empieza a trabajar Kitsu?" preguntó Betty. "En cuanto pulses ese botón", Silvio señaló el botón de la consola. "Siento que algo falta, sin embargo", dijo Betty mientras miraba el marco de Kitsu. "¿Qué es eso?" Preguntó Silvio. "Kitsu va a ser un héroe, ¿verdad?" Betty se paseó por la habitación. "Sí", respondió Silvio. "Él necesita una capa, una flecha, una espada, y accesorios para luchar contra el calentamiento global," Betty dijo con la emoción. "¿Por qué necesitaría eso? Kitsu tiene poderes inherentes", respondió Silvio. "No lo entiendes, Silvio. Cada superhéroe tiene uno; Superman tiene una capa, Wonder woman tiene un escudo, creo que Thor tiene un martillo. El punto es que cada superhéroe necesita un arma", explicó Betty. "Bueno, ¿qué hacemos? Yo no puedo hacer ninguna de estas cosas, salvo que tú puedas hacerlas", dijo Silvio encogiéndose de hombros. "Conozco a alguien que puede", respondió Betty. "¿Quién?" Preguntó Silvio. "Mi padre. Él es un buen artista, y él puede diseñar los accesorios perfectos para Kitsu". Contestó Betty. "De acuerdo. Si insistes en que Kitsu necesita accesorios, entonces le conseguiremos uno", suspiró Silvio. "Si quieres que sea considerado un superhéroe, entonces necesita uno", chilló Betty con alegría.

"¿Papá?" Betty había estado pensando en la manera de contarle a su padre lo de Kitsu. "Sí, querida" Ethan estaba limpiando los platos en el fregadero. "Silvio y yo queremos llevarte a un lugar mañana", dijo Betty, sonriendo. "¿Es el mismo lugar al que ambos se han estado escabullendo?"

preguntó Ethan mientras limpiaba los platos con una servilleta. "Sí, papá", respondió Betty. "Está bien", suspiró Ethan. "Gracias, papá, no te arrepentirás", dijo Betty sonriendo. "Más vale que esto sea bueno" A Ethan le encantaba ver a su niña sonreír. Betty era la única que le daba alegría en medio del caos. "Silvio, Kitsu y yo salvaríamos el mundo", dijo Betty emocionada. "¿Quién es Kitsu?" Preguntó Ethan. "Lo descubrirás pronto" Betty corrió a su habitación antes de que Ethan pudiera hacer más preguntas.

Ethan no tenía ni idea de a dónde le llevaban los niños, pero ambos estaban emocionados. "Papá, tendrás que ir en bicicleta", dijo Betty en cuanto salieron de la casa. "¿Qué tan lejos está este lugar?" preguntó Ethan mientras sacaba su bicicleta del garaje. "No puedo decirlo", sonrió Betty. Después de un largo paseo, se detuvieron frente a un edificio abandonado. "¿Betty?" A Ethan no le gustó el aspecto del lugar. "Sí, papá", respondió Betty. "No creo que este sea un buen lugar para que los niños pasen el rato", dijo Ethan mientras entraban en el edificio. "Relájate, papá. Silvio y yo pasamos por aquí todo el tiempo", respondió Betty. Silvio abrió la puerta a uno de los muchos cuartos en el edificio, y lo que Ethan vio lo hizo retroceder. "¿Qué es esto?" Ethan miró a los jóvenes adolescentes con asombro. "¿Cómo encontraron este lugar?" preguntó Ethan. "Silvio se hizo aquí", dijo Betty mientras se dirigía a su mesa de trabajo. "¿Qué quieres decir?" Ethan se volvió hacia la chica para pedirle más explicaciones. "Soy una IA con genética humana", respondió Silvio. "¿Betty? ¿Qué está diciendo?" Ethan parecía confundido. "Silvio no es una persona real, pero puede actuar como una persona real", respondió Betty. "Tienes que estar bromeando" Ethan se apoyó en una mesa. "No es una broma, papá. Silvio es súper sabio y puede usar su razonamiento intelectual más que cualquier persona real", explicó Betty. Ethan cogió una silla para sentarse, podía sentir el sudor frío brotando de su frente. "Pero no es por eso por lo que te hemos traído hoy aquí, papá" Betty tenía un brillo en los ojos, y Ethan sabía que había algo más. Sólo que no sabía si estaba preparado para ello. "Silvio y yo hemos estado trabajando en un proyecto que va a salvar al mundo entero del trilema. Hemos creado un salvador para toda la raza humana" Betty caminaba delante de su padre. El movimiento de Betty estaba haciendo que Ethan se sintiera mareado. "Deja de pasearte, Betty. Sigue adelante" Ethan suspiró profundamente. Silvio estaba de pie junto a un objeto cubierto con un paño blanco liso. "¿Estás listo?" Betty dio una palmada y Silvio quitó la tela. Ethan casi dejó de respirar; estaba mirando lo que parecía un zorro. "¿Es eso un zorro?" Ethan fue aturdido. "No, papá. Es Kitsu", respondió Betty. "¿Cómo va a salvar el mundo un zorro?". Ethan levantó las manos en el aire. "Kitsu decidió luchar contra el trilema", respondió Betty. "¿Y crees que esto va a funcionar?". Ethan miró a Betty y a Silvio con incredulidad. "Silvio está trabajando, así que Kitsu va a trabajar", dijo Betty con convicción. "De acuerdo" Ethan levantó las manos en señal de rendición. "Te hemos traído aquí para que puedas hacer que Kitsu parezca un superhéroe", explicó Betty. "No estoy seguro de entenderte" Ethan se recostó en la silla.

"Kitsu necesita un escudo, una espada y una capa", respondió Betty. "¡Oh! Creo que ahora te entiendo. Quieres que diseñe los accesorios de Kitsu" Ethan se quedó mirando al zorro realista que había en la habitación. "¿Estás seguro de que este zorro va a salvarnos de este caos?" Ethan se volvió hacia Silvio. "Estoy seguro", respondió Silvio. "Vamos a trabajar entonces", dijo Ethan mientras se levantaba de la silla. "Pero no creo que Kitsu pueda usar un escudo", dijo Ethan. "¿Por qué no?" Betty sonó decepcionada. "Hay que tener en cuenta su estructura", respondió Ethan. "¿Cómo se protegerá de los rayos UV?" preguntó Betty. "Podemos diseñar la capa para que sea un escudo", sugirió Ethan. "Papá, eres el mejor", sonrió Betty. "Debería haberme unido al equipo antes" sonrió Ethan; estaba dibujando el inventario de Kitsu en uno de los ordenadores. "Queríamos que fuera una sorpresa", respondió Betty. "Me habéis sorprendido; eso os lo puedo asegurar" rió Ethan.

"Silvio, ¿estamos listos?" preguntó Betty; estaba ansiosa. "Creo que lo estamos", respondió Silvio. Ethan enganchó la capa en su posición. "Ahora, somos listos" Ethan admiró su trabajo; él hizo una capa anaranjada con un accesorio del oro que aseguraba la capa. Kitsu parecía sacado de una película de superhéroes y traído a la realidad. "¿Papá?" Betty miraba por la ventana. "¿Qué pasa, cariño?" Ethan se volvió para mirar a su hija. "Creo que viene una tormenta" Betty estaba aterrada. "Silvio, vamos a dar a Kitsu su primera prueba", dijo Ethan. "Esto va a ser Kitsu; la primera batalla" Silvio se frotó las manos. Betty estaba conteniendo la respiración; podía oír el trueno retumbando afuera. La palma de Ethan estaba sudada, Silvio pulsó el botón rojo y el zorro cobró vida lentamente. Abrió los ojos lentamente; Betty notó que sus ojos parpadeaban, y miró a su alrededor, familiarizándose con el entorno. "¿Cómo va a saber qué hacer?" susurró Betty. "No hace falta que susurres, Betty. Ha sido programado para identificar un problema; el propósito principal de su creación es el trilema. Hará todo lo que esté en su mano para combatirlo", explicó Silvio. Kitsu caminó lentamente hacia Betty y luego se detuvo. "Betty", dijo el zorro. "¡Oh!" Betty se cubrió la boca con las palmas. "¿Sabe mi nombre?" Betty estaba en shock. "Está todo programado", sonrió Silvio. "Odio romper esta fiesta, pero ¿hay alguna manera de que podamos hacer que Kitsu salga de allí. Es un tornado" Ethan se esforzaba por mantener la calma. "¿Tornado?" Betty corrió hacia la ventana para confirmarlo. "Se está levantando", dijo Betty, y todos corrieron a la ventana.

Kitsu vio a sus amigos correr hacia la ventana; podía ver todo lo que estaba pasando desde donde estaba. Algo dentro de Kitsu le decía que tenía que detenerlo, Kitsu clavó los pies en el suelo y se puso en posición elevada. El zumbido hizo que todos miraran en su dirección; Kitsu salió disparado por la ventana abierta. El tornado venía del norte, Kistu voló en esa dirección. El tornado estaba a punto de chocar con una casa, y pudo oír los gritos de los niños de la casa. Kitsu aterrizó frente a la casa; sólo tenía unos minutos para acumular suficiente energía para detener el tornado. Kitsu se preparó para el golpe, Kitsu puso las manos hacia delante.

Parecía que estaba empujando a un gran gigante, Kitsu se mantuvo firme. El tornado no pudo ir más allá, Kistu sostuvo el tornado hasta que se apagó. Los niños de la casa le vieron sujetar el tornado. "Mamá, es un zorro", señaló uno de los niños a Kitsu. Antes de que ella pudiera llegar a la ventana, Kitsu había desaparecido.

Betty estaba aturdida cuando Kitsu volvió volando a la habitación: "¿Qué acaba de pasar?". A Betty le daba vueltas la cabeza. "No lo sé, pero creo que acabamos de encontrar una solución", respondió Ethan; estaba sorprendido. Los chicos tenían razón; Kitsu era su única oportunidad de salvar el mundo. "Kitsu, ¿estás bien?" Silvio se acercó al zorro para evaluarlo. "Creo que estoy bien", respondió Kistu. "¿Sabes qué significa esto?" preguntó Betty. "¿Qué tienes en mente?" Ethan sabía que su hija estaba pensando en algo. "Si Kitsu puede detener el tornado, eso significa que puede detener los rayos UV", dijo Betty emocionada. "Eso es cierto. Pero no creo que Kitsu esté preparado para eso todavía", respondió Silvio. "¿Qué quieres decir?" preguntó Betty. "Tiene que ir al espacio para luchar contra los rayos UV. No estamos seguros de la actuación de Kitsu en el espacio exterior", explicó Silvio. "Pero esa es la única manera de luchar contra el calentamiento global", respondió Betty. "Puede luchar contra los peligros inminentes por ahora hasta que encontremos una solución", respondió Silvio. "Tomemos todos un descanso" Ethan pudo notar que los adolescentes estaban estresados. "Esto es lo que vamos a hacer; Kitsu lucharía contra el inminente desastre por ahora mientras trabajamos en algunas modificaciones" dijo Ethan. "Es una buena idea" Betty aplaudió. "Supongo que tengo que ponerme a trabajar ahora", respondió Silvio. "¿Es posible modificar la capa de Kitsu? Si va a luchar contra los rayos UV, va a necesitar un escudo contra las emisiones nocivas" Ethan tuvo un buen presentimiento sobre este arreglo. "Bueno, voy a hacer sus botas; las necesita. ¿Qué os parece el color negro?" Betty sonrió. "Me gusta esto, el trabajo en equipo" Ethan levantó las manos.

"Kitsu se alimenta eléctricamente, y con los neutrones eléctricos que vuelan por ahí, no creo que deba ser un problema", dijo Silvio mientras anotaba algo en su libreta. "Las botas que hemos diseñado son indestructibles. Pueden atravesar el fuego, el tornado, la tormenta, el agua. Son de alta resistencia" Betty estaba muy emocionada. Mientras hablaban, algo golpeó el edificio. "¿Qué es eso?" Betty pudo escuchar un traqueteo. "Parece que algo se acerca", respondió Ethan. "¿Qué significa eso?" Betty estaba asustada. "Es posible que la desaparición de la capa de ozono haya creado un portal para otras criaturas del universo transversal" Silvio intentaba atar cabos. "Silvio, no estás ayudando, y no entiendo nada", gritó Betty. "¿Estás diciendo que el planeta podría haber sido invadido por extraterrestres?" Ethan estaba tratando de recuperar el aliento. Betty oyó un gran estallido y gritó. "Papá, esto no es bueno", gritó Betty. "Creo que tenemos que enviar a Kitsu" Ethan se apresuró a pulsar el botón. Se oyó un chirrido en el pasillo, y Betty temblaba de miedo.

Kitsu se apoyó en sus patas traseras y sus ojos brillaron en la oscuridad. "¡Wow! Betty, realmente te has superado. ¿Manos de diamante?" Ethan sabía que la chica estaba asustada; él sólo trataba de animarla. "Brillan en la oscuridad" mientras las palabras salían de la boca de Betty, se cortó la luz. "¡Oh! No. Esto no es una buena señal, y creo que hablé demasiado rápido" Betty se aferró a su padre. Silvio pudo ver a Kitsu moviéndose hacia la puerta desde donde estaba escondido. Había una cámara térmica en la habitación, algo rondaba la puerta, y Kitsu se acercaba a la puerta, gruñendo. "Silvio, ¿ves algo?" El corazón de Ethan se aceleró. "Kitsu está cerca de la puerta; hay algo ahí fuera", respondió Silvio. "¿Qué es?" preguntó Ethan. "No puedo verlo", respondió Silvio. Betty estaba gimiendo. Había un sonido que chocaba fuerte seguido por el chillido ensordecedor de Betty. Silvio pudo ver lo que parecía un gran dragón revoloteando alrededor de la habitación. "Parece un dragón", dijo Silvio en voz baja. "Pensé que eran extintos," Ethan contestó. Hubo un fuerte ruido en la habitación. Silvio se alegró de tener una copia del programa de algo en una unidad flash que estaba en su bolsillo. Silvio oyó que algo caía al suelo, Betty estaba gimiendo en un rincón. Ethan se arrastró hacia Silvio "¿Qué está pasando allí?" Ethan preguntó. "Echa un vistazo" Silvio le dio a Ethan el dispositivo. "Uh-oh, no sé qué es esto, pero se dirige directamente hacia nosotros. ¡Agáchate!" Ethan gritó.

Kistu vio a la criatura entrar en la habitación, una de las nuevas modificaciones que Silvio le añadió podía hacer que se mezclara con el entorno sin ser notado. La criatura parecida a un dragón se dirigía directamente a sus amigos, Kitsu se abalanzó sobre el dragón y golpeó a la criatura con su espada. Un líquido púrpura salió del cuerpo de la criatura y ésta cayó al suelo con un golpe seco. "Puedes salir" Kitsu despejó las barricadas. Betty era muy reacia, quería esconderse detrás de las mesas donde nadie pudiera encontrarla. "Vamos, cariño. Ya se acabó", Ethan le tendió la mano a su hija. "Papá, tengo miedo" gritó Betty. "Estoy aquí contigo, cariño. No tienes nada de qué preocuparte" dijo Ethan tranquilizador. Betty tomó la mano de su padre y él la levantó del suelo. "Si vas a salvar el mundo con Silvio entonces tienes que crecer una piel dura" dijo Ethan, le dio a Betty un suave masaje en la espalda.

"Tienen que ver esto" dijo Silvio en voz baja "¿Qué es?" Ethan miró la criatura en el suelo, parecía un gran dinosaurio con alas. "¿Qué es esto?" Betty gritó. "Esa es la misma pregunta que iba a hacer" Ethan miró de cerca. "¿Por qué está púrpura, saliendo a chorros de su herida?" Betty se esforzaba tanto por no hiperventilar que su respiración salía en breves jadeos. Afortunadamente, no todos los ordenadores fueron destruidos durante el choque. Silvio se apresuró a acercarse a uno de los ordenadores que funcionaban después de tomar una foto de la criatura para escanear la imagen. "Tenía razón" Silvio se volvió para mirar al grupo. "¿Acertar en qué?" Kitsu estaba perdido. "Hay un universo paralelo y esta cosa que habéis matado es de ese universo" respondió Silvio. "Entonces, ¿dices que vienen más de esta cosa?" Ethan señaló al mamífero inidentificable que yacía en el suelo. "Creo que algunos de ellos ya están aquí" dijo Betty en voz baja. "Uh-oh. Hay un camión lleno de ellos fuera de este edificio" Kitsu podía verlos entrar a toda prisa en el edificio. "¡¡¡Escóndete!!!" Kitsu gritó. Ethan agarró a Silvio y Betty por el brazo y los alejó. Silvio pudo agarrar el aparato que estaba sobre la mesa antes de que salieran de la habitación.

CAPÍTULO 4

Kitsu tenía que mezclarse con el entorno, era el disfraz perfecto. Pero el mamífero muerto estaba a la vista, cubierto de su sangre púrpura. "¿Quién ha hecho esto?", preguntó uno de ellos con voz estruendosa. "No pueden estar muy lejos" respondió otro. Kitsu salió de su disfraz antes de que su búsqueda pudiera comenzar. "Eh, chicos. No creo que seáis bienvenidos aquí" dijo Kitsu con calma. "¿Mataste a nuestro hermano?" uno de los mamíferos cargó hacia él, Kitsu golpeó sus manos de diamante una contra otra y el rayo golpeó al mamífero. El intruso cayó boca abajo. "¡Whooo! No sabía que podía hacer eso. Vamos a terminar con esto" Kitsu saltó por la habitación con emoción. Cuando los manuales vieron a otro de sus amigos en el suelo. Se pusieron furiosos, Silvio estaba preocupado de que Kitsu no fuera capaz de enfrentarse al mamífero él solo. Pero Kitsu se lo estaba pasando en grande, podía sentir el torrente de energía en su sangre mientras golpeaba a cada uno de ellos. Todo estaba sucediendo tan rápido que Silvio no podía obtener una señal clara en el dispositivo térmico. Todo el lugar estaba en silencio de repente "¿Está bien?" Betty preguntó. "No puedo encontrarlo" respondió Silvio. "¿Qué?" Betty iba a tener un ataque de pánico. "Bien, todos agarren algo y pónganlo contra la puerta" ordenó Ethan. El trío trató de construir una barricada "¿Seguro que esto está bien?" Betty estaba escéptica. "Encontraremos una salida" Ethan tenía problemas para creer sus propias palabras. "¿A dónde fue?" Silvio no pudo encontrar a Kitsu en ninguna parte.

"¿Alguien me está buscando?" Kitsu estaba sentado en el marco de la ventana. "¡¡Kitsu!! Pensé que te habíamos perdido" gritó Betty. "Me encantan estas manos de diamante. Son geniales" Kitsu mostró sus manos de diamante. "Nos has dado un susto ahí fuera, amigo" Ethan respiró profundamente. "Estoy bien. De hecho, me siento como una mosca" Kitsu sonrió. "Ya lo veo" respondió Silvio. "Tenemos que llevar a Kitsu al espacio lo antes posible. Tenemos que cerrar el portal antes de que tengamos más huéspedes no invitados".

Dijo Silvio. "¿Qué vamos a hacer?" Betty preguntó. "Vamos a llevar a Kistu al espacio. Abre tus oídos, Betty" respondió Ethan. "¿Estás listo, Kitsu?" preguntó Betty. "Cuando estés listo" respondió Kitsu. "Bien, preparémonos para lanzarte al espacio" Silvio se dirigió hacia la puerta. "Uh, ¿a dónde vas?" Preguntó Kitsu. "A la sala de control" respondió Silvio. "Yo en tu lugar no iría allí", contestó Kitsu. "¿Tan malo es?" Preguntó Ethan. "Malo será un eufemismo. Es feo", respondió Kitsu. "Os esperaré aquí fuera" Betty parecía asustada. "Necesitamos un poco de equipo allí" Silvio lanzó sus manos en el aire. "Sólo voy a limpiar la basura, entonces puedes entrar" Kitsu desapareció. "¿Por qué hace eso?" Betty se quejó. "Eso es lo que hacen los Superhéroes. Supongo", respondió Ethan.

"El lugar está despejado. Ya pueden entrar todos" dijo Kitsu. "¡Ahhh! Deja de hacer eso, me asusta" gritó Betty. "Puedo evitarlo. Dile a Silvio, él me hizo así" Kitsu sonrió. "Era necesario" respondió Silvio. "Me encantaría quedarme a charlar pero unas criaturas se están colando en nuestro mundo a través de un portal" Ethan miró la puerta. "Tenemos que despejar eso" Ethan se refería a la barricada. "Kitsu corrió hacia la puerta y quitó la barricada en menos de un minuto. "Gracias, Kitsu", sonrió Ethan. El grupo entró en la sala de control, todo estaba de nuevo en su sitio. "Kitsu, tengo muchas ganas de preguntarte cómo has hecho esto, pero no voy a hacerlo" dijo Betty. "¿Qué es lo siguiente?" Preguntó Ethan. "Kitsu necesita saber a qué se enfrenta" respondió Silvio.

"Este es el planeta- Tierra" Silvio señaló la imagen en la pantalla. "Pero como puedes ver el planeta está sumergido por esta oscuridad. La cual como impidió que la tierra tuviera luz de día, la oscuridad también transporta los rayos UV directamente a la tierra porque están en estrecha proximidad con la tierra. Mientras tú trabajas en cerrar el portal, nosotros tenemos que averiguar cómo ahuyentar la oscuridad" Silvio chasqueaba los dedos. "¿Podemos localizar la fuente de la oscuridad?" Preguntó Ethan. "No tiene una fuente, un cometa explotó y envió la tierra a la oscuridad" explicó Silvio. "Esto es más complicado de lo que pensaba" Betty inhaló bruscamente. "Sólo hay una cosa que conozco que puede combatir la oscuridad" dijo Ethan en voz baja. "¿Yo?" Kitsu sonrió. "La luz", respondió Ethan. "¿Cómo hacemos que eso funcione?" preguntó Silvio. "Eso es lo que tenemos que averiguar" Ethan se encogió de hombros. "No podemos arriesgarnos a enviar a Kitsu al espacio dos veces. Tenemos que resolver el problema de una vez por todas", respondió Silvio. "Entonces vamos a necesitar una luz muy grande" respondió Betty. "¿Una luz grande? Eso podría funcionar" sonrió Silvio. "¿Tienes un plan?" Ethan preguntó con curiosidad. "Si una explosión creó la oscuridad, una explosión puede crear la luz. Sólo tenemos que sacar la tierra de la oscuridad sumergida" respondió Silvio. "¿Qué propones?" Betty estaba confundida. "Una ráfaga puede empujarnos fuera de esta oscuridad hacia la luz", corearon Ethan y Silvio. Kitsu aplaudió con entusiasmo "Ya me encanta este plan" dijo. "¿Tendrá algún efecto perjudicial? preguntó Betty.

"Tendremos que asegurarnos de que no lo tenga" respondió Silvio.

"Tenemos que aplicar la fuerza suficiente para que el globo salga disparado de la oscuridad" dijo Silvio al grupo. "Kistu atará el cañón a la tierra antes de cerrar el portal" explicó Silvio. "¿Cómo llegará el cañón al espacio?" preguntó Betty. "Tenemos que construirlo sin peso para poder sacarlo" respondió Silvio. "¿Qué tan pronto podemos llevarlo allí? No tenemos mucho tiempo", Ethan esperaba que este plan funcionara. "Me sorprende que no haya aparecido otra oleada de mamíferos" los ojos de Betty estaban fijos en la puerta. "Tenemos un tiempo limitado. Sugiero que nos pongamos a trabajar" dijo Silvio mientras se dirigía al ordenador. "Sólo quiero que se acabe" gimió Betty.

El grupo pudo completar las modificaciones, los diseños y la producción de todo lo que iban a necesitar. "¿Eso es todo?" El corazón de Betty estaba acelerado. "Creo que sí" respondió Silvio. "Kitsu ¿estás bien?" Preguntó Ethan. "Por supuesto, estoy listo" respondió Kitsu. "Bien, eso es una buena señal. Estaremos monitoreando tus movimientos desde aquí" Silvio conectó un auricular. "Hagamos esto" Betty frotó la palma de su mano contra la del otro. Kitsu alzó el vuelo y el resto del grupo lo observó ascender en el cielo hasta que no lo vieron más. "¿Se pondrá bien?" Betty cruzó los dedos. "Esperemos lo mejor" Ethan le dio un abrazo a Betty. "Tengo imágenes" Silvio miraba el ordenador. Ethan y Betty se volvieron hacia la pantalla "¿Ya está ahí?" Preguntó Betty. "Es un viaje largo,

Betty. Tenemos que ser pacientes" respondió Silvio. Observaron la imagen en la pantalla. El rastreador GPS estaba sonando "Ya casi está allí" dijo Silvio en voz baja. Betty se sentó en una silla, las piernas le temblaban. "Sí, está dentro" dijo Silvio con triunfo. "Mi corazón casi se detiene" el corazón de Betty estaba acelerado.

"Kitsu ¿puedes oírme?" Silvio habló por el micrófono. "Sí. Puedo oírte claramente", respondió Kitsu. "¿Cómo te sientes ahí fuera?" Preguntó Silvio. "Una buena experiencia pero creo que la oscuridad me incomoda" respondió Kitsu. "Eres un Superhéroe, puedes manejarlo. Enciende tu visión nocturna" Silvio estaba presionando algunos botones en la consola. "Ahora, eso está mejor" Kitsu podía navegar a través de la oscuridad. "En el momento en que detectes la entrada de rayos UV, inicializa tu sistema de escudo". Silvio dijo en el micrófono. "De acuerdo, lo tengo", respondió Kitsu. "Necesito que fijes bien el cañón antes de cerrar el portal", instruyó Silvio. "Estoy en camino" Kitsu encontró su camino alrededor de la oscuridad y fijó el cañón al globo. "Ya está hecho. ¿A dónde me dirijo?" Preguntó Kitsu. "Al norte, hay mucha frecuencia que viene de esa dirección" respondió Silvio. "Entendido" Kitsu se dirigió al Norte y fiel a las palabras de Silvio se encontró con lo inimaginable. "¡Uh! Silvio, no me dijiste que esta era una calle muy transitada" Kitsu pudo ver a los mamíferos en su gran número tratando de entrar en el planeta. Era un remolino y estaban saltando a través de él. "Es un remolino Silvio. ¿Qué hago?" Kitsu observaba desde la distancia. Sabía que su aparición iba a generar mucha tensión. "No lo sé. Tú fuiste el que detuvo el tornado, parece un remolino" respondió Silvio. "No estoy seguro de que sean la misma cosa, pero haré lo que pueda" respondió Kitsu. "Más te vale, porque el mundo entero depende de ti. Tienes que volver a entrar sano y salvo antes de que disparemos el cañón", Silvio sabía que era una gran tarea para Kitsu, pero confiaba en que el inteligente zorro saldría adelante.

Betty se paseaba por la habitación, estaba ansiosa. Betty

quería que las cosas fueran bien, si las cosas iban bien; Kitsu salvaría el universo y Betty volvería a ver a su madre. Betty no quería perder a Kitsu también, quería al zorro inteligente. Era lógico, ya que ella había contribuido a su creación. Betty lo había dado todo en el diseño de Kitsu, y era alguien de quien estaba orgullosa; el zorro era inteligente y, con suerte, el salvador. Ella sólo quería que estuviera bien.

Kitsu tenía que permanecer invisible para caminar entre los mamíferos, era importante no llamar la atención innecesariamente. Si los mamíferos se daban cuenta de que él estaba allí, entonces iba a ser un caos. Kitsu trató de pasar desapercibido. Tenía que atravesar el remolino y luego cerrar el portal que era la única salida. Kitsu sabía que tenía que enfrentarse a los mamíferos del otro lado cuando atravesara el remolino, pero eso no sería posible si no lo conseguía. Algo pasó, hubo un fallo en el disfraz y un mamífero lo vio. Kitsu estaba a pocos metros del remolino, "Es el zorro inteligente" gritó uno de los mamíferos. Kitsu supo que su tapadera se había roto cuando escuchó el fuerte grito, algunos de ellos avanzaban poco a poco hacia él.

"¿Kitsu?" Silvio pudo escuchar el ruido de fondo. "Kitsu, ¿estás ahí?" Silvio escuchó un chirrido en sus oídos. "¿Está Kitsu bien?" El corazón de Betty se aceleró. "¿Qué está pasando, Silvio?", preguntó Ethan. "Creo que lo perdí. Escuché ruidos en el fondo antes de que la comunicación se apagara" explicó Silvio. "Esto no es bueno" dijo Ethan en voz baja. "Vamos a comprobar el GPS", sugirió Ethan. "Está fuera del radar" la voz de Silvio era casi como un susurro. "¿Qué significa eso?" La respiración de Betty salía en cortos jadeos. "No puedo rastrearlo" respondió Silvio. "Supongo que tendremos que disparar el cañón con Kitsu" dijo Ethan con tristeza. "¿Hay otra salida?" Betty se volvió hacia Silvio en busca de una respuesta. Ella esperaba que él tuviera otra opción, pero Silvio se dio la vuelta sin decir una palabra. El corazón de Betty se rompió cuando se dio cuenta de que era posible que nunca volviera a ver a Kitsu. Betty había llegado a querer al inteligente zorro, ahora era como de la familia. Betty sabe lo que es perder a la familia y no le gustaba perder a Kitsu.

Cuando los mamíferos cargaron hacia él, Kitsu instintivamente golpeó sus manos de diamante una contra otra para protegerse. Hubo una gran explosión, cuando el rayo saltó de las manos de Kitsu. Fue enviado en espiral hacia el remolino y el portal se cerró en el momento en que cayó a través de él. Kitsu quedó boca abajo en el suelo durante un minuto antes de ponerse en pie. Había perdido todas sus conexiones con Silvio durante la explosión. Pero Kitsu no iba a dejar que eso le detuviera, el mamífero que atravesó el remolino había formado un círculo a su alrededor. "¡Vamos, chicos! Ya estoy harto de vosotros", Kitsu vio al primer mamífero cargar hacia él. Kitsu le golpeó con manos de diamante y el mamífero cayó de bruces al suelo. "¿Alguien más?" Kitsu levantó las manos en señal de desafío. Se dio cuenta de que los manuales estaban furiosos, pero ahora no era el momento de echarse atrás. Kitsu pisó el suelo con sus botas y la tierra empezó a temblar. Los mamíferos pudieron sentir cómo se abría el terreno, Kitsu sonrió mientras mataba a uno de los mamíferos con su espada. "Me encantaría quedarme a charlar pero tengo mucho trabajo que hacer" Kitsu ascendió al cielo mientras el suelo se abría y se tragaba al resto de los mamíferos. "Esto es lo que yo llamo una gran entrada" Kitsu sonrió ante su éxito. Sabía que tenía que volver al centro de investigación.

"¿Está listo el algo?" Preguntó Ethan. "Sí, los NFT están disponibles en el algo", respondió Silvio. "¿Qué es la NFT?" Preguntó Betty. "Bueno, se llama los tokens no fungibles" respondió Silvio. "Es más barato y súper efectivo" añadió Ethan. "¿Qué quieres decir?" Preguntó Betty. "¿Recuerdas que intentamos comprar ETH en la estación de tren?" preguntó Ethan. "Los ETH eran caros así que no pudimos ir" respondió Betty. "Bueno, para que el kitsune inu no fuera caro; estamos creando el NFTS para que todo el mundo pueda pagarlo" explicó Silvio. "Entonces, ¿estás diciendo que si disparamos esta bala de cañón, todo volverá a la normalidad?" Betty había aprendido a vivir en los tiempos difíciles, la idea de que todo se restaurara era como un sueño. "Bueno, tendremos que plantar los árboles pero nosotros mismos" Silvio se encogió de hombros. "Mientras tengamos un suelo fértil eso no será un problema" respondió Ethan. "Es una pena que Kitsu no esté aquí. Él nos salvó a todos" Betty tenía lágrimas en los ojos. "Betty, las cosas no siempre salen como se planean. A veces hay un obstáculo en nuestros planes, pero tenemos que seguir adelante" Ethan intentaba consolar a su hija. "Sólo desearía que estuviera aquí con nosotros" Betty moqueó.

"¿Y dónde más podría estar?" Kitsu se sentó en el marco de la ventana. "¡¡¡Kitsu!!!" Betty saltó de emoción. "Creíamos que te habíamos perdido" gritó Betty. "Que sepáis que no podéis deshaceros de mí tan fácilmente" contestó Kitsu. "Me alegro de que hayas vuelto" sonrió Silvio. "Te dije que me encantaban estas manos de diamante. Siempre son útiles"

respondió Kitsu. Todos los presentes se rieron. "Es tan bueno tenerte de vuelta" Ethan le dio a Kitsu un suave masaje. "Vamos a deshacernos de esta miseria ya que estamos todos aquí" dijo Ethan al grupo. Betty se agarró a las mangas de su padre mientras Silvio pulsaba el botón. Pudieron sentir el movimiento, se sintió como si alguien hubiera impulsado la tierra hacia adelante y ésta golpeara la luz. Los ojos de Betty estaban cerrados "Vamos cariño, abre los ojos" dijo Ethan en voz baja a su hija. Betty quería recordar cada minuto, abrió los ojos lentamente y vio el cielo despejado. El mundo había estado oscuro durante tanto tiempo que Betty ya no sabía cómo eran los cielos. Al ver las nubes azules por primera vez después del trilema, una lágrima se escapó de sus ojos. Betty corrió hacia Kitsu y le dio un fuerte abrazo "Gracias, Kitsu. Nos has salvado", gritó Betty.

CAPÍTULO 5

Las nubes estaban altas en el cielo, había ráfagas de viento y el aire fresco llenaba la atmósfera. Si alguien prestaba mucha atención, podía oír el piar de los pájaros. El hedor del aire desapareció y fue sustituido por el olor de los pinos. Betty puso un pie fuera del centro de investigación y gritó de alegría. Era increíble, era como si sus sueños se hicieran realidad, Ethan sintió nostalgia, le vino a la mente la idea de salir en la oscuridad a la caza de comida. Fue como si alguien encendiera una luz brillante y la oscuridad se desvaneciera. "¿Esto es real? Esto no es un sueño, ¿verdad?" preguntó Betty. "No creo que me haya tomado tantas molestias por un sueño" se rió Kitsu. "Esto es real, cariño" respondió Ethan. "No me lo puedo creer, papá" contestó Betty. "Lo sé, cariño. Parece irreal", respondió Ethan.

Vivir en la oscuridad durante los últimos tres años, ha dejado el mundo vacío, sin forma. El mundo ha quedado desierto de alegría, felicidad y amor. La luz había restaurado; la esperanza, la alegría y la felicidad. Todas las cosas que la oscuridad había robado volvieron con fuerza. Todo el mundo podía sentirlo en el aire, era innegable y evidente.

La gente salió corriendo de sus casas, algunos estaban en la calle llorando. Betty salió del edificio con el grupo, las sonrisas en los rostros de la gente eran prueba suficiente de que Kitsu los había salvado. Cuando salieron a la calle, el niño que Kitsu salvó durante el tornado gritó "Mamá, ese es el zorro que nos ha salvado", el niño corrió hacia Kitsu. La gente se separó y le dio a Kitsu un aplauso ensordecedor, Ethan empezó a corear "¡¡Kitsu! Kitsu!" La gente lo adoraba, rugían su nombre mientras pasaba por delante de ellos.

Lily estaba tratando de administrar primeros auxilios a un paciente cuando la noche se convirtió de repente en día. Todos se apresuraron a salir para ver el sol en lo alto del cielo. Lily no podía moverse, sus pies eran débiles para soportar su peso. Había perdido toda esperanza y nunca creyó que viviría para ver un día así. Los niños estaban en el camino gritando de júbilo. Parecía un sueño, el cielo azul era una señal de esperanza para los desesperados. Lily podía ver la genuina sonrisa en los rostros de la gente. La sola idea de volver a ver a su familia hizo que un torrente de lágrimas corriera por sus mejillas. Era lo único que había deseado en todos estos años de oscuridad. Lily sentía que nunca tendría la oportunidad de enmendar sus errores; la luz le estaba dando otra oportunidad, y no sabía si la merecía. Lily cayó de rodillas sollozando.

La señora Brentwood estaba en la habitación, Ethan y Betty no estaban en casa. El dúo siempre salía corriendo por la mañana y volvía agotado. Podía oír los gritos de la gente, cuando levantó la vista el cielo estaba despejado. Parecía un sueño, la señora Brentwood pensó que había cruzado a la tierra de los muertos. Todo era más brillante y claro, era como un sueño hecho realidad. No quería ser una carga para Ethan y su hija; ya habían hecho bastante por ella. La señora Brentwood no podría haber pedido un regalo mejor, había soportado la oscuridad durante demasiado tiempo. La señora Brentwood estaba dispuesta a escapar a los brazos de la muerte.

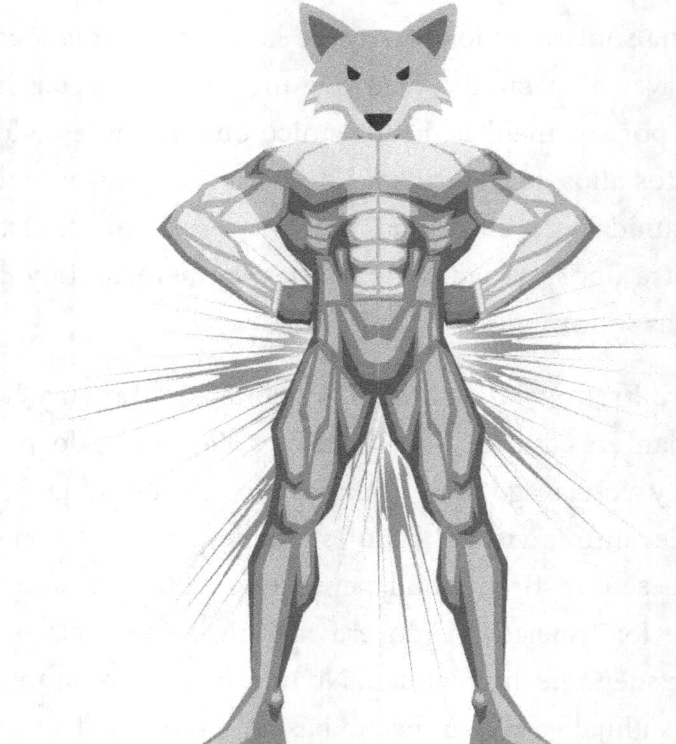

Oyó unos pies corriendo dentro de la casa, el sonido de esos pies la devolvió a la realidad, "¿Betty?" La señora Brentwood trató de levantarse de su silla. "¡Sra. Brentwood!" Betty entró corriendo en la habitación con una sonrisa brillante como el cielo despejado. "¿A qué viene tanto ruido?" preguntó la señora Brentwood. "¡¡Kitsu nos ha salvado del trilema!! respondió Betty riendo. "Betty, soy demasiado mayor para tus bromas" sonrió la señora Brentwood. "No estoy bromeando, señora Brentwood. Venga a verlo usted misma"

Betty guió a la mujer mayor hacia el porche. "¡Oh! Dios mío. Nunca pensé que vería este día" las lágrimas corrían por el rostro de la señora Brentwood. "No llores. Las cosas mejorarán ahora" Betty le dio un abrazo a la mujer. "Ahora puedo plantar flores, y no tengo que ir al campo a por flores silvestres" Betty sonrió. "Eres un encanto" la señora Brentwood plantó un beso en la frente de Betty. La Sra. Brentwood dijo con la boca las palabras "Gracias" a Ethan, que estaba de pie a unos metros de distancia.

Peter no podía creer lo que veían sus ojos, miraba el cielo despejado sin parpadear. Después de varios intentos de resolver el trilema, Peter pensó que nunca ocurriría. Hacía tiempo que había renunciado a esa posibilidad. Era un milagro, el trilema había destruido muchas cosas, pero todos agradecían la luz del día y el aire fresco. Peter inhaló profundamente y exhaló.

Camille tenía que llamar al profesor Nasir. Contestó al segundo timbre "Profesor Nasir, Silvio resolvió el trilema" dijo Camille con emoción. "Eso he oído" respondió el profesor Nasir. "Gracias por no rendirse" dijo Camille en voz baja. "Silvio creó una réplica de sí mismo. Sólo una mente brillante puede producir algo o alguien así. Gracias por su duro trabajo" respondió el profesor Nasir. Camille se quedó sin palabras al terminar la llamada. El trilema estaba resuelto y eso era lo único que importaba.

* * * El timbre de la puerta sonó y Betty se apresuró a abrir la puerta. Ethan había organizado una cena de celebración y

todos estaban invitados. "¡Mamá!" Betty corrió hacia la mujer que estaba en la puerta y le dio un fuerte abrazo. "Te he echado tanto de menos" gritó Betty. "Yo también te he echado de menos, cariño" Lily lloraba, hacía tres años que no veía a su hijo. Lily había pasado todos los días de los últimos tres años pensando en su familia. Ethan se precipitó a la puerta cuando escuchó a Betty gritar. Se quedó clavado en el suelo mientras veía a las dos mujeres más importantes de su vida abrazarse. Ethan caminó lentamente hacia ellas y les dio un abrazo. Los últimos tres años fueron duros para ellos como familia pero gracias a Silvio y Kitsu hubo un reencuentro.

Todos estaban en la mesa cuando Lily entró en la casa. "¡Mamá! Hay algunas personas que quiero que conozcas" Betty jaló a su madre hacia el comedor y presentó a todos. Fue una velada llena de alegría y risas. Después de la cena, Kitsu, Silvio, Ethan y Betty se sentaron en el porche. "¿Qué es lo siguiente?" Preguntó Ethan. "Estaba esperando esa pregunta" Silvio se rió. "Necesitamos más árboles. El trilema destruyó todos los árboles y nosotros los árboles para el oxígeno" respondió Betty. "Plantamos mas arboles entonces" replico Kitsu. "Pero nunca he plantado un árbol antes" añadió Kitsu. "Yo te enseñaré" respondió Betty. "Gracias, Betty. Eres muy amable" Kitsu sonrió. "Tengo una idea. Ya que Kitsu es un superhéroe, ¿por qué no decimos a todos los fans de Kitsu que planten un árbol? Así tendremos más árboles en todo el mundo" sugirió Ethan. "Es una gran idea", todos estuvieron de acuerdo. "Yo también tengo una idea"

Lily se unió a ellos en el porche. "¿Mamá?" Betty se volvió hacia su madre. "Sí, quiero formar parte de vuestro grupo" sonrió Lily. "Eres bienvenida. Pero para que sepas, vamos a plantar árboles" respondió Betty. "Eso no es un problema" respondió Lily. "Dijiste que tenías una idea. Oigámosla" dijo Ethan con una sonrisa. "Sé que soy nuevo en el grupo. Creo que deberíamos hacer que Kitsu llame a todos sus amigos embajadores y les diga que se unan a nosotros para luchar contra la contaminación y la pobreza. Tengo amigos en Canadá" respondió Lily. "Recibí un correo de Estados Unidos, Francia, Egipto y muchos otros países" añadió Kitsu. "Yo también tengo amigos por correspondencia de diferentes países", dijo Betty aplaudiendo emocionada. "Creo que es una muy buena idea" sonrió Silvio.

"Plantaremos árboles y lucharemos contra la contaminación y la pobreza al mismo tiempo. Esto es genial". Betty sonrió. "¿Podemos empezar mañana?" Betty preguntó "Por supuesto" respondió Kitsu. "Eso significa que tengo un montón de cartas que escribir. Voy a empezar" Betty entró corriendo en la casa. "También tenemos un montón de llamadas que hacer" Silvio se puso de pie. "Vamos a trabajar" añadió Ethan.

El equipo pudo convocar a amigos y familiares para que se unieran a la lucha contra la contaminación y la pobreza. Kitsu y su amigo también pudieron iniciar el reto de plantar un árbol; con más de diez mil árboles plantados en un solo día. Fue un evento exitoso, todos fueron cuidadosos con las sustancias peligrosas después del trilema. Conocieron de primera mano el impacto negativo que estas sustancias peligrosas pueden causar en el medio ambiente. Todo el mundo fue muy cuidadoso, los días oscuros habían terminado y era importante mantener el equilibrio entre la noche y el día. El trabajo de Kitsu no había terminado, tenía que luchar contra la pobreza y también tenía que asegurarse de que el pueblo mantuviera un entorno limpio y fresco. Kitsu siguió plantando los árboles con su equipo. El algo también animó a los habitantes de la tierra a plantar árboles. El revolucionario blockchain también se interesó por la seguridad del medio ambiente.

Muy pronto, había casas verdes en todo el mundo, con gente que se abrazaba y animaba a mantener el entorno seguro y habitable. Las cosas volvían poco a poco a la normalidad, sólo que esta vez era mejor. Betty ayudó a la señora Brentwood a revivir su jardín de flores, que quedó muy bonito cuando terminaron. La señora Brentwood se sentaba en su porche todas las tardes, disfrutando de la fresca brisa nocturna. Betty seguía haciendo un viaje al campo a veces para recoger algunas flores silvestres. Betty regalaba las flores a algunos de sus vecinos.

El equipo se reunía regularmente, hoy era uno de esos días. Todos estaban en la mesa excepto Betty. Silvio miró su reloj de pulsera, el chirrido de la puerta llamó la atención de todos. "Betty llegas tarde" todos corearon. "Lo siento. Tuve que regar las flores de la señora Brentwood" respondió Betty mientras se deslizaba en su silla. "Quiero dar las gracias a todos por participar activamente en la lucha contra la contaminación y la pobreza" agradeció Kitsu al equipo. "No podemos parar ahora. Pero la situación actual de pobreza me ha llamado la atención" añadió Kitsu. "La distribución de la riqueza no es la proyectada; por eso vamos a distribuir nuestras fichas especiales a toda la población de guantes con la ayuda de nuestros amigos" anunció Kitsu. Su declaración fue recibida con un ensordecedor aplauso. "Las fichas especiales restaurarán la estabilidad económica y recuperarán la felicidad", añadió Kitsu.

Betty estaba entusiasmada, le encantaba ponerse en contacto

con sus amigos por correspondencia para ayudar en un reto. Betty y el resto del equipo hicieron una lista de las personas a las que podían ayudar con la distribución. El equipo había crecido considerablemente tras el reto de plantar un árbol. El aumento del número era una gran mejora y el equipo podía llegar a más personas en todo el mundo. Iban a hacer del mundo un lugar mejor con su esfuerzo concertado. La distribución comenzó gradualmente y la gente empezó a recibir las fichas especiales de Kitsu y pronto las fichas se distribuyeron por todo el mundo. Todo el mundo tenía las fichas especiales, era un recordatorio de lo que les costó la negligencia de la humanidad y simboliza la esperanza para los menos privilegiados. El mundo entero juró mantenerse a salvo y proteger la tierra de todos los peligros y recuperar la felicidad.

BONUS

Estimado lector,

Gracias a este manuscrito, esperamos que haya disfrutado y descubierto de forma suave y originalmente revisada cómo se creó Algo y por qué cambiará realmente nuestro futuro.

¿Sabías que nadie en la historia ha resuelto el trilema del blockchain? Silvio lo hizo, ¡pero de verdad!

¡Gracias a Algo ahora miles de millones de personas en el planeta harán transacciones a bajo costo sin contaminar más nuestro querido planeta! ¡Y está ocurriendo ahora mismo mientras lees esto!

¡No lo dudes más, abróchate el cinturón y descubre esta nueva y sorprendente blockchain que está revolucionando el mundo! ¿Qué más? .... ¡ah! ¿te han gustado las aventuras de Kitsu? ¡entonces te invitamos a dejar una reseña espontánea!

Venga a visitarnos a https://kitsuneinuasa.com/ y síganos en las redes sociales para descubrir todo un nuevo ecosistema.